出纳

快学快用实操笔记

韩坤珏◎著

電子工業出版社
Publishing House of Electronics Industry
北京·BEIJING

内容简介

对企业而言，出纳是财务工作的基石；对个人而言，出纳是财务新手实现跃升的一块跳板。出纳是一份专业性较强的工作，在没有领路人的情况下，不具备专业知识的财务“小白”是很难顺利完成工作的。

为了帮助初入职场的出纳人员了解出纳的相关基础知识、掌握业务实操方法，本书从出纳的基础理论知识出发，详细讲解了出纳的七大业务模块，并加入出纳的管理赋能实操测试，以生动的案例、图表，向读者呈现出一份独特又不枯燥的出纳实操指南，帮助初入职场的出纳人员实现从入门到精通的目标。相信无论是新手，还是已具备专业知识的出纳人员，都能从本书中学到实用的方法和技巧。

图书在版编目（CIP）数据

出纳：快学快用实操笔记 / 韩坤珏著．—北京：电子工业出版社，2021.1
ISBN 978-7-121-40009-4

Ⅰ．①出…　Ⅱ．①韩…　Ⅲ．①出纳－会计实务　Ⅳ．① F231.7

中国版本图书馆 CIP 数据核字（2020）第 234117 号

责任编辑：王陶然
印　　刷：三河市鑫金马印装有限公司
装　　订：三河市鑫金马印装有限公司
出版发行：电子工业出版社
　　　　　北京市海淀区万寿路 173 信箱　邮编　100036
开　　本：720×1000　1/16　印张：16.5　字数：279 千字
版　　次：2021 年 1 月第 1 版
印　　次：2021 年 1 月第 1 次印刷
定　　价：55.00 元

凡所购买电子工业出版社图书有缺损问题，请向购买书店调换。若书店售缺，请与本社发行部联系，联系及邮购电话：（010）88254888，88258888。

质量投诉请发邮件至 zlts@phei.com.cn，盗版侵权举报请发邮件至 dbqq@phei.com.cn。

本书咨询联系方式：（010）57565890，meidipub@phei.com.cn。

前言

在很多人眼中，出纳只是一个点点钞票、跑跑银行的“小角色”。很多财务管理专业的毕业生不屑于、不愿意做出纳工作，就连有的企业管理者也不重视出纳岗位。看到这里，你是否会有这样的疑问：出纳真的是一份无足轻重的工作吗？答案是否定的。

正所谓“万丈高楼平地起”，如果地基不牢固，高楼必定会摇摇欲坠。

对企业而言，出纳是财务工作的基石，其工作职责主要包括各项票据、货币资金、有价证券的收付、整理和保管，货币资金和有价证券的核算等。出纳工作不仅责任重大，而且可以体现一个企业的财务水平。

对个人而言，从事出纳工作是一个磨炼自己的机会。如果你是一名会计专业的应届毕业生，不妨把出纳工作当成自己进阶之路上的第一个台阶。为什么这样说呢？

首先，出纳工作可以提升你的专业能力。

虽然出纳在众多的财务岗位中不算起眼，但它也是一个专业岗位，有着专门的工作流程，需要你具备专项技能。从事出纳工作，可以帮你夯实专业基础，提升专业能力。

其次，出纳工作可以培养你良好的工作习惯。

出纳工作琐碎繁杂，有很多账务需要及时处理，因此，你需要合理安排自己的工作时间，分清工作中的轻重缓急。如果你能胜任出纳岗位，并总结出一套科学的工作方法，养成良好的工作习惯，那么你将终身受益。

最后，出纳工作可以调整你的工作态度。

想要出色地完成出纳工作，你需要拥有一丝不苟、精益求精的工作态度。如果你能在出纳岗位上养成高度自律、严谨细致、严格执行的工作态度，那么相信你在其他财务岗位上也能有出色表现，你未来的晋升之路也会更加顺畅。

事实上，很多专业会计、会计主管、财务主管的第一份工作都是出纳，他们在出纳岗位上夯实了自己的专业基础，锻炼了自己的工作能力，让自己有了转行做会计的“底气”。可以说，出纳是财务新手实现跃升的一块跳板。

同时，出纳也是很多非专业人员入行的唯一通道。如果你是非会计专业的毕业生，没有学过财会知识，那么出纳工作对你而言将是一个很好的学习和实践机会。

出纳是一项专业性较强的工作，在没有领路人的情况下，不具备专业知识的财务“小白”是很难顺利完成工作的。为了帮助更多对财务工作感兴趣、有志于从事财务工作的人士，笔者萌生了撰写本书的想法。

本书写作的核心目的有两个：一是帮助初入职场的出纳新手了解出纳的相关基础知识；二是帮助出纳掌握业务实操方法，提升实际业务能力。

本书分为三大部分，共 12 章内容。第一部分是出纳的基础理论知识，阅读这部分内容，可以使读者对出纳岗位有一个详细的认知，并知晓培养出纳职业意识的重要性和出纳基本功的修炼方法；第二部分是出纳的七大业务模块，主要包括凭证业务，账簿登记业务，现金业务，银行账户管理业务，银行结算业务，工商、税务业务，以及社保、工资业务的实操方法；第三部分是出纳管理知识，主要包括识别舞弊的方法和技巧、基本功测试和业务能力测试等。

相较于其他同类书籍，本书特色如下：

第一，本书结合具体案例来阐述理论知识，是一本独特又不枯燥的实操指南。

第二，本书内容紧紧围绕实际工作，第二部分各章结尾都设置了“老出纳点拨”板块，其中列举了出纳工作中的“雷区”和“禁区”，以及在遇到某些特殊情况时的处理方法，让出纳新手不再“跳坑踩雷”。

第三，本书不仅有理论知识，还配有实操测试题，可以帮助读者巩固所学知识。

笔者相信，无论是出纳新手，还是已具备专业知识的出纳人员，都能从本书中学到实用的方法和技巧。当然，出纳工作所涉及的范围较广较杂，本书可能存在一些不完善之处，欢迎读者们提出宝贵意见。

最后，希望所有阅读本书的读者都能有所收获，祝福大家都能在出纳这条道路上越走越远，实现自己的职业梦想！

目录

第一部分 晓基础：应知应会的出纳理论知识

第1章 出纳，既管钱又管物

1.1 什么是出纳 / 003
1.1.1 出纳的角色认知 / 003
1.1.2 出纳的职责与权力 / 004
1.1.3 出纳的职业前景 / 005

1.2 出纳的四大职能 / 006
1.2.1 收付职能 / 006
1.2.2 反映职能 / 007
1.2.3 监督职能 / 008
1.2.4 管理职能 / 009

1.3 出纳的工作特点 / 010
1.3.1 社会性 / 011
1.3.2 政策性 / 011
1.3.3 专业性 / 012
1.3.4 时效性 / 012

1.4 出纳工作的基本流程 / 013
1.4.1 出纳日常工作的基本流程 / 013
1.4.2 出纳业务处理的基本流程 / 015
1.4.3 出纳工作交接的基本流程 / 017

1.5 出纳≠会计 / 020
1.5.1 出纳与会计的区别 / 020
1.5.2 出纳与会计的联系 / 021

第2章 成为出纳前，先培养自己的职业意识

2.1 法律意识：出纳头上有一把高悬的剑 / 024
2.1.1 出纳应烂熟于心的九部法律法规 / 024
2.1.2 出纳违法的两大原因 / 025
2.1.3 以身试法，小心“利剑穿心” / 026

2.2 规则意识：“国有国法，家有家规” / 028
2.2.1 遵守“家规”是出纳的基本职业操守 / 028
2.2.2 出纳必须掌握的三大“家规” / 029

2.3 保密意识：好出纳都懂得“二管一关” / 030
2.3.1 出纳岗位的特殊性决定了它的保密性 / 030
2.3.2 “二管一关”：管住嘴、管好物、关好门 / 032

2.4 风险意识：防微杜渐，降低安全隐患 / 034
2.4.1 出纳可能会面临的两大风险 / 034
2.4.2 资金保管的“三要”原则 / 034

2.4.3 规避风险的四大实操方法 / 036

第 3 章 金牌出纳的基本功修炼

3.1 点钞：一熟，二快，三准 / 039

3.1.1 点钞的两种方式：手工点钞和点钞机点钞 / 039

3.1.2 如何提高点钞速度 / 045

3.2 验钞：看、摸、听、测四大招，找出残币与假钞 / 046

3.2.1 鉴别真伪四大招——看、摸、听、测 / 046

3.2.2 残币与假币处理 / 051

3.3 使用保险柜：为财物管理上一道锁 / 053

3.3.1 保险柜的配备与选择 / 053

3.3.2 保险柜的开启与物品存放 / 055

3.3.3 保险柜的日常管理 / 056

3.4 填写票据：数字书写须规范 / 057

3.4.1 金额书写规矩多 / 057

3.4.2 日期书写有讲究 / 059

3.5 管理印章：谨慎才是硬道理 / 062

3.5.1 印章的分类 / 062

3.5.2 印章的使用 / 064

3.5.3 印鉴、印章的保管 / 066

3.6 编制出纳报告单和银行存款余额调节表：好出纳的必备技能 / 067

3.6.1 出纳报告单的编制 / 067

3.6.2 银行存款余额调节表的编制 / 068

第二部分 会做账、懂报税：七大业务模块全流程搞定出纳基础

第 4 章 凭证业务实操指南

4.1 会计凭证是用来做什么的 / 075

4.1.1 会计凭证的概念 / 075

4.1.2 会计凭证的作用和意义 / 076

4.2 会计凭证的分类 / 077

4.2.1 原始凭证 / 077

4.2.2 记账凭证 / 079

4.3 原始凭证的填制与审核 / 082

4.3.1 原始凭证的填制 / 083

4.3.2 原始凭证填制的基本要求 / 083

4.3.3 原始凭证的审核 / 085

4.4 记账凭证的填制与审核 / 087

4.4.1 记账凭证的填制 / 088

4.4.2 记账凭证的审核 / 091

4.4.3 记账凭证账务处理流程 / 092

4.5 会计凭证的装订与保管 / 093

4.5.1 会计凭证装订前的准备 / 094

4.5.2 会计凭证装订四步法 / 095

4.5.3 会计凭证如何保管 / 096

4.5.4 会计凭证的销毁 / 098

【老出纳点拨】如何辨别原始凭证真伪 / 099

第5章 账簿登记业务实操指南

5.1 账簿管理在财务管理中发挥着怎样的作用 / 102
- 5.1.1 账簿的概念 / 102
- 5.1.2 账簿的分类 / 104
- 5.1.3 账簿登记的作用及意义 / 106

5.2 账簿的日常处理流程 / 107
- 5.2.1 启用账簿 / 107
- 5.2.2 登记账簿 / 108
- 5.2.3 对账 / 108
- 5.2.4 账簿的排错与更正 / 109
- 5.2.5 结账 / 112
- 5.2.6 账簿的更换及保管 / 112

5.3 现金日记账的基本格式与登记方法 / 113
- 5.3.1 现金日记账的基本格式 / 113
- 5.3.2 现金日记账的填制 / 114

5.4 银行存款日记账的基本格式与登记方法 / 116
- 5.4.1 银行存款日记账的基本格式 / 116
- 5.4.2 银行存款日记账的填制 / 116

5.5 账簿登记原则 / 117

【老出纳点拨】在年初，出纳怎么启用新账 / 119

第6章 现金业务实操指南

6.1 现金的概念及管理原则 / 122
- 6.1.1 现金的概念 / 122
- 6.1.2 现金管理的原则 / 123
- 6.1.3 现金业务的工作原则 / 124

6.2 现金收入业务 / 125
- 6.2.1 现金收入管理的基本要求 / 125
- 6.2.2 现金收入业务流程 / 126
- 6.2.3 现金送存业务流程 / 128

6.3 现金支出业务 / 129
- 6.3.1 现金支出审批制度 / 129
- 6.3.2 现金提取的业务流程 / 131
- 6.3.3 现金支付业务 / 131

6.4 库存现金清查业务 / 134
- 6.4.1 库存现金限额 / 134
- 6.4.2 库存现金清查方法 / 134
- 6.4.3 库存现金清查流程 / 136
- 6.4.4 库存现金清查的注意事项 / 136

【老出纳点拨】内部员工借款挂支应注意的六大事项 / 138

第7章 银行账户管理业务实操指南

7.1 银行账户的四种类型 / 140
- 7.1.1 基本存款账户 / 140
- 7.1.2 一般存款账户 / 140
- 7.1.3 临时存款账户 / 140
- 7.1.4 专用存款账户 / 141

7.2 开立银行账户 / 143
- 7.2.1 开立银行账户的两大条件 / 143
- 7.2.2 开立银行账户四部曲 / 144

7.3 银行账户的三种管理模式 / 153
- 7.3.1 模式一：收支两条线模式 / 153
- 7.3.2 模式二：二级账户联动模式 / 153
- 7.3.3 模式三：财务管理集中模式 / 153

7.4 银行账户的变更、迁移、合并和撤销 / 154
7.4.1 银行账户的变更 / 155
7.4.2 银行账户的迁移 / 155
7.4.3 银行账户的合并 / 156
7.4.4 银行账户的撤销 / 156
【老出纳点拨】任何时候都要切忌“打白条” / 157

第 8 章 银行结算业务实操指南

8.1 银行结算之三大原则 / 160
8.1.1 原则一：恪守信用，履约付款 / 160
8.1.2 原则二：谁的钱入谁的账，由谁支配 / 160
8.1.3 原则三：银行不得垫付 / 161

8.2 银行结算之票据管理 / 162
8.2.1 使用银行票据的常见风险 / 162
8.2.2 银行结算风险的防范措施 / 164
8.2.3 银行结算票据的填写 / 165

8.3 银行结算之方式方法 / 166
8.3.1 方式一：支票结算 / 166
8.3.2 方式二：银行本票结算 / 168
8.3.3 方式三：银行汇票结算 / 169
8.3.4 方式四：商业汇票结算 / 169
8.3.5 方式五：汇兑结算 / 170
8.3.6 方式六：委托收款结算 / 170
8.3.7 方式七：信用卡、信用证结算 / 170
8.3.8 方式八：异地托收承付结算 / 171

8.4 最便捷的银行结算模式：网上银行结算 / 171
8.4.1 网上银行的四大实用功能 / 172
8.4.2 网上银行的申办方法 / 172
【老出纳点拨】支票遗失、被盗后的补救方法 / 174

第 9 章 工商、税务业务实操指南

9.1 出纳对接的工商业务 / 176
9.1.1 企业注册 / 176
9.1.2 企业年度报告公示 / 178
9.1.3 企业注册资本的变更登记 / 178
9.1.4 企业的合并、分立、解散清算和破产清算 / 179

9.2 企业年度报告公示的内容及操作方法 / 181
9.2.1 企业年度报告公示的内容 / 181
9.2.2 企业年度报告公示的操作方法 / 182

9.3 出纳对接的税务业务 / 183
9.3.1 开业税务登记 / 183
9.3.2 变更税务登记 / 184
9.3.3 注销税务登记 / 185
9.3.4 纳税申报 / 185

9.4 如何高效地进行税费核算 / 187
9.4.1 增值税解释及算法 / 187
9.4.2 消费税解释及算法 / 189
9.4.3 企业所得税解释及算法 / 190
9.4.4 个人所得税解释及算法 / 193
9.4.5 印花税解释及算法 / 193
9.4.6 关税解释及算法 / 194
9.4.7 其他税种的解释及算法 / 194

9.5 网上申报纳税的好处及操作流程 / 197

9.5.1 网上申报纳税的好处 / 197

9.5.2 网上申报纳税的操作流程 / 199

9.6 企业纳税的依据——发票 / 200

9.6.1 发票的定义、作用、种类和选择 / 200

9.6.2 发票的领购与保管 / 203

9.6.3 发票的填开 / 205

【老出纳点拨】依法纳税，小利不可贪 / 208

第 10 章 社保、工资业务实操指南

10.1 出纳对接的社保业务 / 210

10.1.1 新参保业务 / 210

10.1.2 变更和年检业务 / 211

10.1.3 转出、转入业务 / 212

10.1.4 注销业务 / 213

10.1.5 住房公积金业务 / 213

10.2 出纳对接的工资业务 / 217

10.2.1 核算工资 / 217

10.2.2 编制工资表 / 220

10.2.3 发放工资 / 221

10.3 出纳发放金工资时应注意的六大事项 / 222

【老出纳点拨】为企业员工提供企业参保证明的常规做法 / 224

第三部分 明管理：强化管理，赋能出纳

第 11 章 警钟长鸣避贪污

11.1 出错与舞弊的区别 / 229

11.1.1 动机不同 / 229

11.1.2 后果不同 / 229

11.2 出纳常见的舞弊手段 / 230

11.3 导致出纳舞弊的两大原因 / 235

11.3.1 内部控制制度不严，引发监守自盗 / 235

11.3.2 出纳职业道德缺失，法律意识淡薄 / 235

11.4 防范出纳舞弊的两大方法 / 236

11.4.1 企业：健全制度，加强监管 / 236

11.4.2 个人：提升职业素养，增强法律意识 / 237

第 12 章 手把手教你做优秀出纳

12.1 基本功测试 / 240

测试一：手工点钞 / 240

测试二：使用点钞机 / 240

测试三：口述人民币防伪特征 / 240

测试四：保险柜管理 / 241

测试五：常见财务票据 / 242

测试六：书写财务数字 / 243

测试七：用印 / 243

测试八：编写银行存款余额调节表 / 244

测试九：出纳报告单 / 244

测试十：红字更正法 / 245

测试十一：画线更正法 / 245
测试十二：补充登记更正法 / 245

12.2 业务能力测试 / 246
测试一：借款单的填写 / 246
测试二：报账单的填写 / 246
测试三：记账凭证的填写 / 247
测试四：收据的填制 / 247
测试五：支票丢失的处置 / 248
测试六：整理和装订凭证 / 248
测试七：现金日记账的登记与结算 / 248
测试八：银行存款账的登记与结算 / 249
测试九：增值税专用发票的开具 / 249
测试十：提取现金 / 250
测试十一：银行账户开立流程 / 250
测试十二：银行结算方法 / 251
测试十三：增值税的计算方法 / 251
测试十四：工商业务 / 252
测试十五：工资计算 / 252
测试十六：社保业务 / 252

参考文献 / 254

第一部分

晓基础：应知应会的出纳理论知识

第 1 章

出纳，既管钱又管物

出纳既是企业财务工作的基石，又是财务新人实现跃升的跳板，还是外界观察企业财务水平的窗口。在实际工作中，出纳既要管好现金，又要管好支票、有价证券和印章等。要想做好出纳这份既管钱又管物的工作，首先要充分了解这个职业。

♻ 1.1 什么是出纳

小张毕业后，进入一家企业工作，其主要职责是对企业的各项票据、货币资金、有价证券进行收付、保管与核算。小张这样的职位，就是我们俗称的出纳。

和小张一样，许多会计专业的毕业生进入社会的第一份工作都是出纳，即使是企业里的老会计，很多也是从出纳一步步做起的。那么，出纳主要做些什么工作？它与会计有何不同？其职业前景又是怎样的？

本节就让我们一起来寻找答案。

1.1.1 出纳的角色认知

据史籍记载，出纳起源于西周时代的“司会”一职，其主要职责是专门核算官方的财赋收支，对财赋收支采取“月计岁会”的计算方法。由此可见，无论古今，出纳始终是有财务管理需要的社会组织不可或缺的岗位，是财务工作的重要基础，是企业进行经济业务活动的第一道“关卡”。

作为一名出纳，首先要对自己的角色有一定认知。“出”，指的是现金和银行存款的付出；“纳”，指的是现金和银行存款的收纳。由此可见，出纳就是管理、经办现金和银行存款收入、付出、结存工作的专职财会人员。

现实生活中，大部分人认为出纳就是会计，其实不然，两者各有分工，负责的领域也有所不同。一般情况下，出纳主外，即负责企业现金和银行存款的收付、保管、核算工作；会计则主内，即负责企业明细账目的管理工作。总体上来说，两者是“钱账分管”的关系。

因此，出纳应该在秉持钱账分管原则的基础上，对现金、银行存款等钱款进行出纳核算。

一般人眼中的出纳，不过是点点钞票、跑跑银行的“小角色”。事实上，出纳工作是维系整个财务工作秩序的重要纽带，其责任重大。在任何企业和经济组织中，出纳都是一个独立的岗位，它是会计不能替代、领导不能兼任的，可谓独一无二。

出纳小课堂

出纳人员的任职要求：

◣拥有中专以上的会计、财务等相关专业的学历；

◣对国家相关财经政策、税务法规有所了解；

◣银行结算业务能力、办公软件操作能力、财务知识学习能力较强；

◣品德优良，责任心强，有良好的沟通能力和团队精神。

1.1.2 出纳的职责与权力

对于本节开头提到的小张而言，除了要完成对出纳的角色认知，还需要对出纳的主要职责和权力进行全方位的了解。

1. 出纳的主要职责

按照国家有关现金管理和银行结算制度的规定，出纳具有以下职责：

（1）办理现金收付和银行结算业务；

（2）负责现金日记账和银行存款日记账的登记；

（3）审核有关原始凭证；

（4）保管企业库存现金和各种有价证券的安全与完整；

（5）不随意签发空头支票，不出租、出借银行账户；

（6）每日负责盘清库存现金，核对现金日记账；

（7）负责接收各项银行到款进账凭证，并传递给有关的制单人员；

（8）不得兼管稽核和会计档案保管。

2. 出纳的权力

根据《中华人民共和国会计法》（以下简称《会计法》）、《会计基础工作规范》等财会法规的相关规定，出纳在企业中拥有以下权力：

（1）管好、用好货币资金的权力；

（2）参与货币资金计划定额管理的权力；

（3）维护财经纪律，执行财会制度，抵制不合法的收支和弄虚作假行为的权力。

1.1.3 出纳的职业前景

小张在参加工作、选择出纳这个岗位之前，对出纳的职业前景进行了充分的调研。从职业前景来看，小张经过几年的经验积累，可以向以下 3 个方向发展：

1. 进入银行、证券公司等金融机构

银行、证券公司等金融机构作为支付结算的中介，对财务人员的要求也较高。如果小张能够不断学习，在专业领域中深耕细作，争取向高端发展，那么是有机会到这些大平台工作的。

2. 进入专业的财务企业

小张还可以到专业的财务企业工作，如会计师事务所。由于小张在做出纳的过程中会对实际操作中资金的划拨及相关环节所出现的问题进行了解，因此相较于其他人员，他是拥有独特财务视角的，这也是一种优势。

3. 成为大型企业的高级财务人员

做这份工作，小张不仅需要充分了解企业的经营运作，还要帮助企业提供经营投资方面的建设性意见。

经过相关调研，小张发现很多出纳最终都转为了会计。可见，出纳是财务新手实现跃升的跳板。

事实上，从职业优势的角度来看，出纳还具有以下优势，如图 1-1 所示。

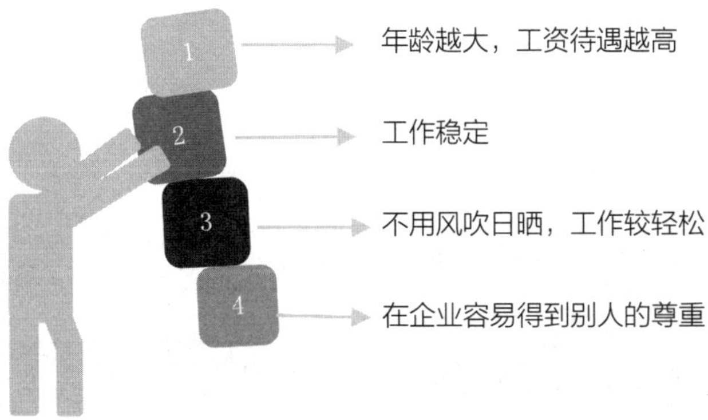

图 1-1 出纳的优势

由此可见，出纳的职业前景还是比较乐观的，这也是小张毕业后选择财务这条职业道路、选择出纳这个岗位的原因。

实操笔记

【写一写】学习完本节内容，你能马上说出出纳的定义及其相关职责与权力吗？请你试着在下面写出你对出纳的理解。

1.2　出纳的四大职能

小王是财务专业的大学生，在校期间，她就对出纳这个岗位产生了浓厚的兴趣，希望毕业后能从事出纳工作。对于小王而言，若想顺利就业，首先要对出纳的四大职能有所了解，即收付职能、反映职能、监督职能和管理职能。

1.2.1　收付职能

在企业的经营活动中，少不了货款、往来款项等的收付业务。出纳最基本、最重要的职能就是收付职能。

出纳小课堂

收付职能包括以下四个方面：

- 货物价款的收付；
- 往来款项的收付；
- 有价证券的办理；
- 金融业务的办理。

假设小王毕业后成了××旅行社的出纳，那么小王每天必须做的事情包括：点清客户交来的现金，并将其收入保险柜；在保安的陪同下，在某个固定的时间段内，将保险柜中的现金存入银行；若当天交易的现金量较大，还须联系银行派专车来收款。

可见，出纳在某种程度上扮演着企业现金收付窗口的角色，其最基本的职能就是收付职能。

1.2.2 反映职能

所谓反映职能，就是出纳在收付的基础上，利用统一的货币计量单位，对企业货币资金、有价证券的往来进行详细的记录与核算，为后面的财务工作反映完整、系统的财务信息的职能。

出纳小课堂

出纳人员需要登记的账簿：

- 现金日记账；
- 银行存款日记账；
- 有价证券的明细分类账；
- 备查账簿。

当企业没有有价证券业务时，现金日记账和银行存款日记账就是出纳日常登记的账簿。出纳在登记这两本账簿时，需要将企业的库存现金、银行存款的收入与使用情况进行详细的记录与核算。

如果出纳不能做好详细的账簿登记工作，那么出纳的反映职能也会出现问题。例如：

××传媒公司的老陈是一名“老出纳”了。有一天，老陈刚好有事要出门，却碰上了来报账的同事。为了节省时间，老陈急急忙忙地给了钱，把发票放进抽屉里就走了。办完事之后，记性不好的老陈忘记了将这笔账登记到账簿上。

老陈在下班核对现金时，发现账目对不上，于是自己掏钱补了公司的财务空缺。

由此可见，账簿能够反映出纳的具体工作内容，是出纳重要的记录工具和凭证。

1.2.3 监督职能

所谓监督职能，是指出纳在办理相关款项的收入和支付等经济业务时，需要对其全过程进行监督的职能。出纳业务的监督要点，如图 1-2 所示。

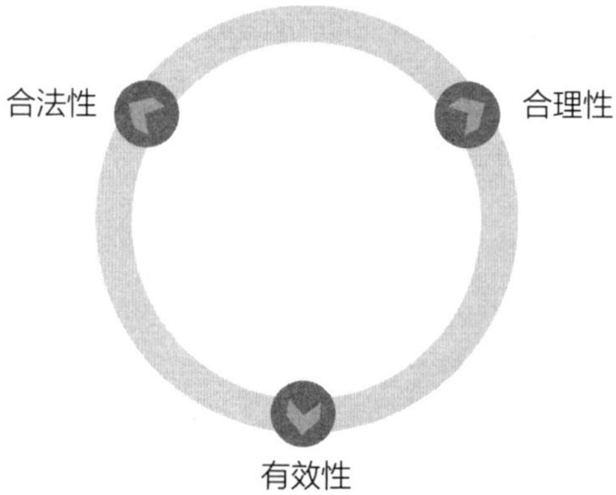

图 1-2 出纳业务的监督要点

当一项经济业务同时满足图 1-2 中的三个要点时，出纳才能进行相关的款项收入与支出操作。

需要注意的是，出纳在发挥监督职能时，以下这种做法是错误的：

出纳 A 在审核某发票时，发现发票上的大小写金额不同，但由于金额不大，出纳 A 擅自做主改动了发票上的小写金额，并编制了付款凭证。

当遇到以上情况时，出纳 A 应该做到严格审核，在原始凭证存在问题的情况下，出纳 A 有权不予办理。

1.2.4 管理职能

所谓管理职能，是指出纳应当对企业的相关财物进行管理。

出纳小课堂

出纳管理的财物范围：

- 银行存款；
- 各种票据；
- 货币资金；
- 有价证券。

除了管理以上这些财物，出纳的管理职能还体现在参与企业决策管理方面，如图 1-3 所示。

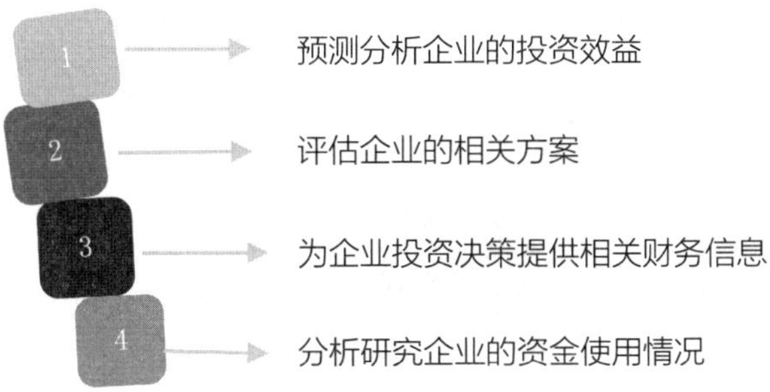

图 1-3 出纳对企业决策管理工作的参与

在很多出纳的眼中，自己的工作就是为企业管好钱、做好账。事实上，这种观念已经落伍了。如今的出纳不仅要把钱管好、把账做好，还要在企业决策管理工作中贡献自己的一分力量。

发挥好以上四大职能，是一名合格的出纳应具备的能力。因此，对于想做出纳的人而言，了解以上四大职能，能够帮助其理解出纳的职责，为以后从事出纳工作打好基础。

实操笔记

【单选题】以下哪一项不属于出纳的四大职能？

A. 收付职能　　B. 反映职能

C. 管理职能　　D. 记账职能

答案：D

1.3 出纳的工作特点

任何工作都有其自身特点和规律，出纳也不例外。为了更好地做好出纳工作，小胡在入职前去了解了出纳的工作特点，经过对各项资料的研究和分析，她发现出纳工作主要具有 4 个特点，依次为社会性、政策性、专业性和时效性，如图 1-4 所示。

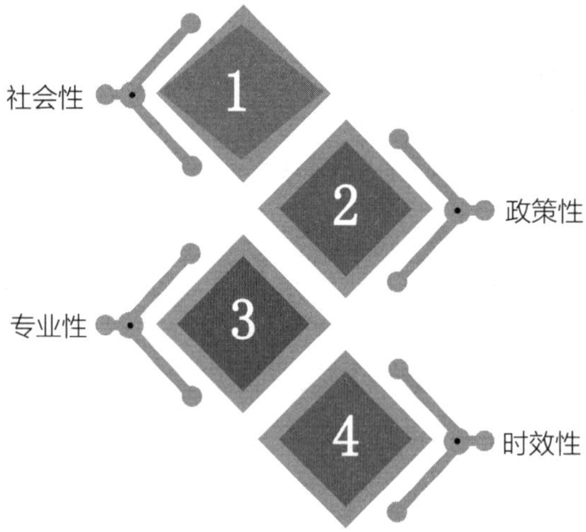

图 1-4　出纳工作的 4 个特点

1.3.1 社会性

马克思曾经说过：“事物之间存在普遍联系。”出纳工作就是与整个社会的经济运转联系在一起的。

例如，小胡成为出纳后，需要负责企业货币资金的收付、存取等业务，而她在接触这些业务之前，必须先对国家有关财会政策法规进行了解，或者参加这方面的社会培训；又例如，小胡在出纳工作中要经常跑银行，可见，出纳工作具有广泛的社会性。

1.3.2 政策性

出纳的岗位职责涉及现金收付、银行结算等工作，而这些又直接关系到职工个人、单位乃至国家的经济利益，一旦工作出现差错，就会造成不可挽回的损失。因此出纳工作中的每一个环节都要在遵守国家相关政策法规的前提下进行，其政策性很强。

例如，小胡在办理现金收付业务时，需要按照国家现金管理制度进行。办理银行结算业务时，需要按照中国人民银行发布的《支付结算办法》进行，等等。

《会计法》《会计基础工作规范》等相关政策法规，对于出纳工作有着明确的规定与具体操作要求。出纳人员要掌握并按照这些政策法规办事。

根据《会计法》《会计基础工作规范》的规定，出纳在工作中须遵守的政策法规主要有以下三项。

第一，按照国家有关现金管理和银行结算制度的规定，办理现金收付和银行结算业务。出纳应严格遵守对现金结算范围的规定，非现金结算范围不得用现金结算；遵守库存现金限额，超限额的现金按规定及时送存银行；现金管理要做到日清月结，账面余额与库存现金每日下班前应核对，发现问题，及时查对；银行存款账与银行对账单也要及时核对，如有不符，应立即通知银行调整。

第二，根据会计制度的规定，在办理现金和银行存款收付业务时，出纳要严格审核有关原始凭证，再据以编制收付款凭证，然后根据编制的收付款凭证逐笔登记到现金日记账和银行存款日记账上，并结出余额。

第三，按照国家外汇管理和结汇、购汇制度的规定，出纳应熟悉国家外汇管理制度，及时办理结汇、购汇、付汇，避免国家外汇损失。

1.3.3 专业性

古人云："术业有专攻。"在现实生活中，与许多其他工作相比，财务工作对专业性要求较高。出纳除了要拥有基本的操作技术（比如要会熟练地操作电脑，按照特定要求填写票据、清点钞票等），还要具备处理出纳事务的专业知识和较强的数字运算能力（保证当场开出票据和收付现金时既速度快又不出错）。

由此可见，做好出纳工作不是一件易事，除了掌握专业知识，我们还要不断地积累实战经验，在实战中掌握出纳岗位的工作要领并熟练地使用现代化办公工具，这样才能成为一名合格的出纳。

1.3.4 时效性

在企业里，出纳每天都要做一些时效性较强的财务工作，比如发放职工工资、核对银行账单等，这些财务工作有着严格的办理时间要求。

为了在规定时间内完成各项财务工作，出纳可以用"To do list 清单"来记录自己所要完成的财务工作，如表 1-1 所示。

表 1-1　To do list 清单样式

To do list 清单		
任务	完成时间	是否完成
①发放职工工资	10 日或 15 日发放	是
②核对银行账单	月底	是
③完成当月纳税申报	下月 15 日之前	是
④……	……	……
⑤……	……	……

总之，出纳要做好工作目标的时间管理，这样才能在规定时间内更好、更轻松地完成工作。

实操笔记

【单选题】以下哪一项不属于出纳的工作特点?

A. 时效性　　B. 政策性

C. 严谨性　　D. 社会性

答案：C

1.4 出纳工作的基本流程

老刘在一家公司任出纳多年，他曾辅导过许多刚进公司的出纳新人。他认为作为出纳新人，进公司的第一件事就是熟悉并了解公司出纳工作的基本流程。

出纳工作的基本流程包含三个方面，依次为出纳日常工作的基本流程、出纳业务处理的基本流程和出纳工作交接的基本流程。

1.4.1 出纳日常工作的基本流程

出纳日常工作的基本流程如图 1-5 所示。

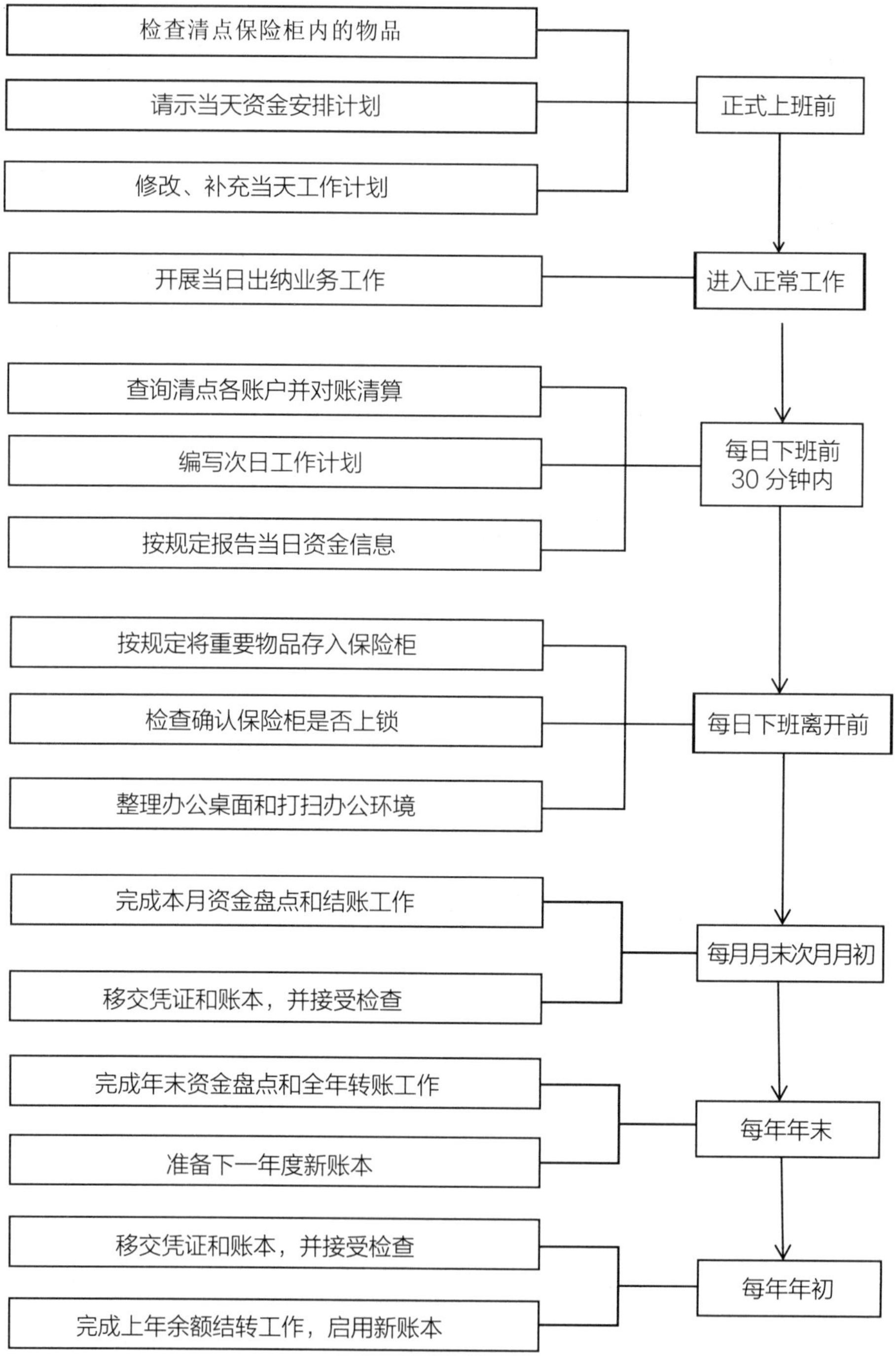

图 1-5 出纳日常工作的基本流程

1.4.2 出纳业务处理的基本流程

出纳业务处理的基本流程如图 1-6 所示。

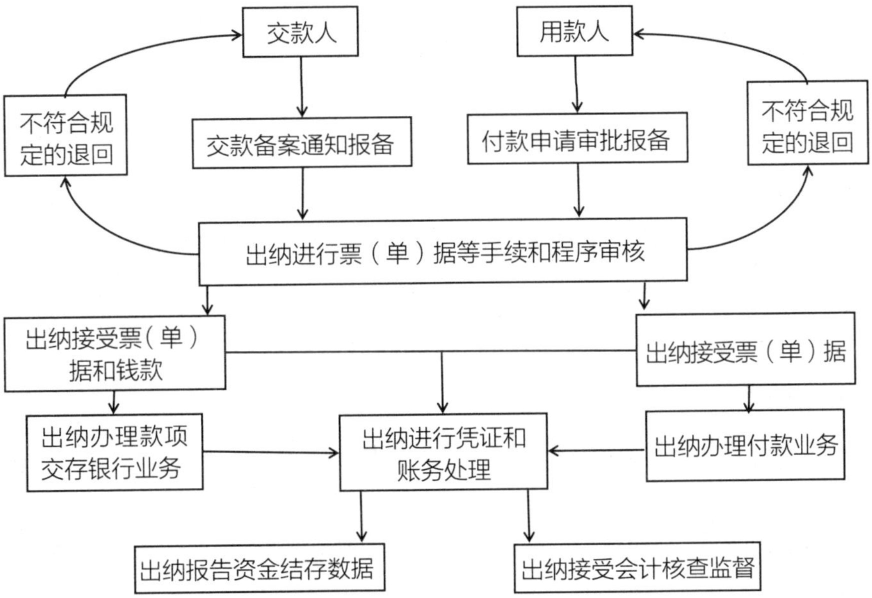

图 1-6 出纳业务处理的基本流程

由图 1-6 可知，出纳在业务处理的流程中，须对相关款项进行处理，在款项处理环节中，出纳应注意以下相关事项。

资金收入的处理

◣明确收入来源和收入金额

出纳在接收一笔款项之前，需要先明确付款方、收款金额与收款额能否收取这三个方面的情况，然后根据不同的情况处理相关资金收入，其具体处理方法有以下 3 个方面。

1. 明确付款方

出纳需要明确付款方的全称和相关情况，面对背书支票和代付款（代收款项应及时核算）这两类情况，须要求经办人在单据上加以注明。

2. 明确收款金额

出纳需要明确收到的金额数是多少，若为现金收入，则应考虑库存限额的要求。

资金收入的处理

3. 明确收款额能否收取

出纳首先要明确钱款性质，再针对不同性质的款项采取不同的核查方法，检查其账证是否一致后，才能明确收款额能否收取。

若出纳收取的是销售或劳务性质的款项，则应根据有关的销售（或劳务）合同确定收款额是否按协议执行，并对预收账款、当期实现的收入和收回以前欠款分别进行处理，保证账实一致。

若出纳收取的是代付、代垫及其他应付的款项，则应当根据账务记录确定其收款额的账证是否相符。其具体内容包括企业为职工代付的水电费、房租、保险费、个人所得税，职工的个人借款和差旅费借款，企业交纳的押金等。

资金支出的处理

◣ 明确支出的金额和原因

1. 出纳在支出每一笔款项时，需要明确其金额数。

2. 出纳在支出款项时，需要向合同、发票或有关凭证记载的收款人付款。需要注意的是，代收款人应持相关证明材料，出纳才可为其办理付款手续。

3. 对于不合法不合理的付款，出纳应坚决抵制，并及时汇报给上级，对于用途不明的金额支出应拒绝办理。

◣ 检查付款审批手续

出纳应在检查完经办人的审批手续后办理资金支出的业务，若经办人的审批手续不齐全，或手续不真实、不准确，那么出纳应拒绝办理。

1.4.3 出纳工作交接的基本流程

出纳
小课堂

出纳需要进行工作交接的七种情况：

◣出纳辞职或离开原企业；

◣因企业内部工作变动不再担任出纳职务；

◣出纳岗位轮岗调换到会计岗位；

◣出纳岗位内部增加工作人员，企业需要重新分工；

◣因病假、事假或临时调用，不能继续从事出纳工作；

◣因特殊情况如停职审查等按规定不宜继续从事出纳工作；

◣企业因其他情况按规定应办理出纳交接工作的，如企业解散、破产、兼并、合并、分立等情况发生时，出纳应向接收单位或清算组交接工作。

出纳工作交接的基本流程如图 1-7 所示。

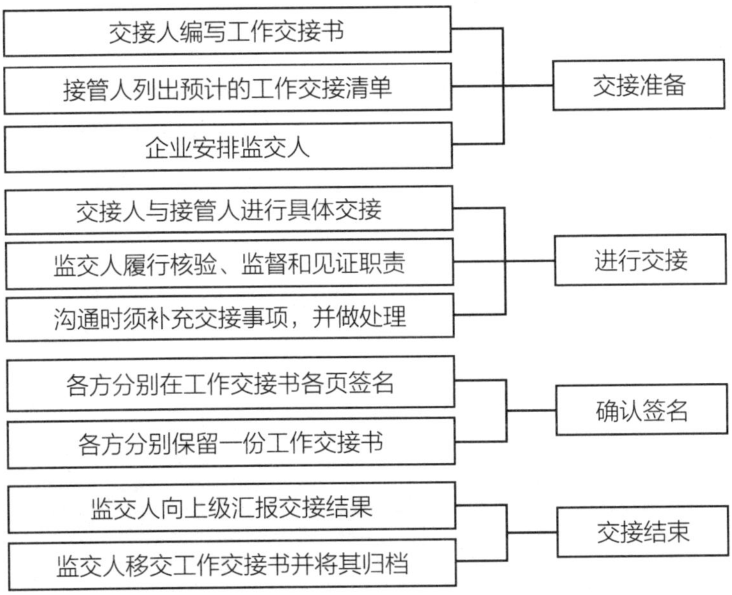

图 1-7 出纳工作交接的基本流程

例如，小吴原来是出纳，后因晋升会计需要进行出纳工作的交接，那么在交接准备阶段，小吴需要做以下事情：

（1）登记完所有出纳账，并在最后一笔余额后加盖名章；

（2）核对出纳账与现金、银行存款总账，核对银行存款账面余额与银行对账单，核对现金账面余额与实际库存现金；

（3）整理应移交的各种资料，对未了事项写出书面说明；

（4）编制工作交接书，填明移交的账簿、凭证、现金、有价证券、支票簿、文件资料、印鉴及其他物品的具体名称和数量。

在正式交接阶段，小吴须在规定期限内向接管人交接工作，接管人应认真按工作交接书当面点收。在这个过程中，接管人会按照规定履行以下职责：

（1）根据出纳账和备查账簿余额点收现金、有价证券。如有短缺，接管人会查明原因，并在工作交接书中注明；

（2）审核出纳账和其他会计资料，这些资料须完整无缺；

（3）核对出纳账与总账、出纳账与库存现金和银行对账单的余额是否相符，如有不符，接管人会查明原因，并在工作交接书中注明；

（4）核对工作交接书点收公章（主要包括财务专用章、支票专用章和领导名章）和其他实物，并确认签名。

在确认签名阶段，小吴和接管人分别在各页签名，并分别保留一份工作交接书。交接结束后，监交人须向上级汇报与小吴的交接结果，并将小吴的工作交接书归档。

出纳小课堂

交接工作的四大具体要求：

《会计法》第四十一条规定："会计人员调动工作或者离职，必须与接管人员办清交接手续。一般会计人员办理交接手续，由会计机构负责人（会计主管人员）监交；会计机构负责人（会计主管人员）办理交接手续，由单位负责人监交，必要时主管单位可派人会同监交。"

由此可见，出纳离职或者调动工作时，均需要按照要求与相关接管人员办理交接手续，保证出纳工作前后顺利衔接，避免出现账目不清、财务混乱的情况。

其具体要求如下：

1. 交接双方要以认真负责的态度做好交接工作。接管人员在交接过程中要做到认真细致，要认真听取交接人员的建议，虚心学习交接人员好的思想、好的作风、好的经验。

2. 出纳进行交接时，一般应由会计主管人员或由领导指定人员监交，必要时还可请上级领导一同监交。

3. 在监交过程中，如果出现交接人员交代不清，或者接管人员故意刁难的情况，监交人员应及时处理裁决。一时处理不了的，须由监交人员报请领导解决。交接人员不做交代或者交代不清的，不得离职，否则监交人员和企业领导应负连带责任。

4. 在交接工作完毕后，此岗位下一任人员应继续使用移交下来的账簿，不得自行另立新账，以保持账簿的连续性。

在现实工作中，对于出纳这种业务繁杂、专业性极强的岗位而言，明确工作流程能够帮助其提升工作效率。以上所介绍的基本流程涵盖了出纳工作的方方面面，其具体的操作流程可供出纳参考，以此来提升出纳的工作效率。

实操笔记

【判断题】出纳调动工作或离职时，无须任何人监督其交接工作，只需与接管人办理好交接手续即可。

答案：错。

1.5 出纳≠会计

A 企业招聘了出纳小蔡和会计小任。A 企业之所以分开招聘出纳和会计这两个岗位，是因为这两个岗位的工作有所区别。但在现实工作中，小蔡和小任发现他们的工作又有着密切的联系。

1.5.1 出纳与会计的区别

在本书中，我们曾提到出纳并不等同于会计，两者存在以下两个方面的区别。

1. 性质不同

以小蔡与小任为例，小蔡担任的出纳是一种账实兼管的工作，主要负责现金、银行存款和各种有价证券的收支与结存核算，以及现金、有价证券的保管和银行存款账户的管理工作。

通常情况下，货物的购销要经过两个过程：货物移交和货款结算。其中，货款结算的收入与支付须通过出纳来完成；往来款项的收付、各种有价证券的经营及其他金融业务的办理过程也离不开出纳的参与。

而担任会计的小任主要负责管账，不用管理钱财和物品，更不用直接参与经济活动。

需要注意的是，虽然小蔡担任的出纳是一种账实兼管的工作，但这并不违背财务“钱账分管”的原则，这是因为小蔡所管理的账目是一种特殊的明细账，和会计的长期投资、短期投资等相应账目是不同的。

2. 分工不同

在分工上，小蔡主要管“钱”，即负责企业每笔业务发生时的流动资金登记，分管企业票据、货币资金及负责有价证券的收付、保管与核算等工作，并为企业经济管理和经营决策提供各种金融信息。需要注意的是，小蔡不得进行账目登记工作。

担任会计的小任主要管“账”，即负责企业经济业务总括核算的工作，通过提供全面的核算资料，帮助企业进行经济管理和经营决策。需要注意的是，小任不得管理钱物。

总之，从企业设置岗位的基本原则上来看，钱账分管是区分出纳与会计分工的一个基本前提。

出纳小课堂

◣出纳：分管账、钱、物，即管理货币资金、登记现金日记账和银行存款日记账。

◣会计：兼管稽核、记录与整理会计档案、编制会计凭证、登记明细账（明细账会计）、登记总账（总账会计）、编辑会计报表和税务报表。

1.5.2 出纳与会计的联系

出纳与会计之间虽有不同，但两者之间又存在着密切的联系。

1. 合作依赖关系

在实际工作中，出纳小蔡和会计小任进行会计核算时的依据是相同的，即原始凭证和记账凭证。这些作为记账依据的会计凭证必须在小蔡与小任之间按照一定的顺序进行传递，这也意味着小蔡和小任需要相互利用双方的核算资料，共同完成财会业务。

2. 牵制关系

出纳的现金日记账和银行存款日记账与会计的现金日记账和银行存款总分类账、银行存款总分类账与其所属的明细分类账、明细账中的有价证券账与出纳账中相应的有价证券账之间，存在金额上的等量关系。因此，两者之间存在相互牵制与控制的关系，其核对必须保持一致。

总而言之，虽然出纳和会计都是独立核算企业财务的工作者，但在工作中，两者应相互协助、密切合作，共同打理好企业的日常财会业务。

实操笔记

【写一写】学完本节内容，请你写出出纳与会计的区别和联系。

第 2 章

成为出纳前，先培养自己的职业意识

企业在评判出纳的工作能力时，除了考察其业务能力，还要考察其职业意识。若一名出纳不具备相应的职业意识，那么他也称不上是一名合格的出纳。归纳起来，出纳应具备四大职业意识，即法律意识、规则意识、保密意识和风险意识。

2.1 法律意识：出纳头上有一把高悬的剑

2006年11月，湖南省××企业一名出纳因偷用印鉴、使用作废或未登记的支票，先后挪用3000多万元用于炒股，被以挪用公款和挪用资金罪合并判处有期徒刑17年。

由此可见，在当今法治社会，财务人员应具备法律意识，须在遵守国家法律和行政法规的前提下开展专业工作。如果以身试法，那么势必会被这把高悬在头上的“利剑”惩罚。

2.1.1 出纳应烂熟于心的九部法律法规

对于出纳而言，培养自己法律意识的第一步，就是熟知最基本的九部法律法规的内容，如表2-1所示。

表2-1 出纳应烂熟于心的九部法律法规

法规名称	概述
《会计法》	对国家机关、社会团体、企事业单位和其他组织的会计工作规范做出了规定
《中华人民共和国发票管理办法》	对发票的印制、领购、开具、取得、保管、撤销做出了专项法律规定
《中华人民共和国票据法》	对票据行为（包括汇票、本票和支票）与票据活动中当事人的合法权益做出了规定
《现金管理暂行条例》	对国家机关、社会团体、企事业单位和其他组织的现金管理工作做出了规定
《支付结算办法》	对单位、个人在社会经济活动中使用票据、信用卡和汇兑、托收承付、委托收款等结算方式进行货币给付及其资金清算的行为做出了规定
《会计档案管理办法》	对会计档案管理工作做出了具体规定
《会计基础工作规范》	对会计基础工作做出了具体规定

续表

法规名称	概述
《企业会计制度》	对会计核算工作做出了具体规定
《中华人民共和国税收征收管理法》	对从事生产、经营的纳税人的纳税义务做出了规定

2.1.2 出纳违法的两大原因

在生活中，出纳违法事件频发，导致这种现象发生的原因主要有以下两点。

1. 企业体制和企业负责人的影响

在企业里，出纳的工作完全在企业负责人的领导与管理之下，其工作具有很强的从属性。

有的企业负责人为了企业或个人利益，会直接或间接地指使或暗示出纳做假账。有些法律意识薄弱的出纳会听从这种安排，从而做出违法的事情。

出纳小课堂

当企业负责人直接指使或间接暗示出纳做违法乱纪的事情时，出纳应该说“不”。例如：

老板拿出一张白条，让A、B、C三人报销。

A说：“好的，那我先给您报销，然后找其他的发票补上。”

B说：“这不是正规发票，我不报销。”

C在便签纸上写出白条不能使用的原因和后果，并提出了合法处理的技术意见。

A、B、C三人中，B、C的处理方式是值得出纳去学习的。

2. 出纳自身职业道德素质偏低，法律意识薄弱

从个人因素的角度来说，有些以身试法的出纳职业道德素质偏低，法律意识薄弱，为了一己私利而做出违法乱纪的行为。

2.1.3 以身试法，小心“利剑穿心”

驾驶员无视交通法规容易造成车祸，同样，出纳如果无视法律，不按规定登记账目，随意处置票据、凭证，甚至利用职务之便谋取私利，那么企业的资金收付情况也必将陷入混乱的局面，出纳也将受到法律的严惩。

【案例一】

Z图书企业因业务发展需要，通过人才市场的渠道，招聘了具有大专学历的于某担任出纳。最初，于某勤勤恳恳、爱岗敬业，企业领导和同事都对他的工作感到非常满意。

可后来，业务已十分熟练的于某开始接触股市，因为其资金被股市套牢，所以他开始打企业现金的主意。凭借以前建立起来的信任与好感，于某偷偷拿了财务主管的财务专用章，在自己保管的空白现金支票上盖章并取款。又因为月底的对账是于某负责的（于某一人去银行提取对账单且自行核对），所以于某的行为在很长一段时间里未被发现。案发后，企业遭受巨大经济损失，于某也因此事被判刑。

【案例二】

王某是四川省成都市社会保险管理局的出纳，工作前期，她是人人称赞的出纳，连续10年被评为“优秀公务员”。

后来，她开始打公款的主意，将单位的巨款变成了自己口袋里的钱，并随意向他人借公款。最后王某伙同李某将企业社保基金954.3万元借给他人进行营利活动，被成都市中级人民法院判处无期徒刑，并被剥夺政治权利终身。

以上两个案例告诉我们，出纳若不严于律己，而是以身试法，势必会被“利剑穿心”。

出纳小课堂

财政部2019年9月24日公布消息，为加强会计人员诚信建设，对严重违法失信会计人员实施联合惩戒，起草了《严重违法失信会计人员黑名单管理办法（征求意见稿）》。

出现以下五类行为的会计人员将会被列入黑名单：提供虚假财务会计报告；伪造、变造会计凭证、会计账簿，编制虚假财务会计报告；隐匿或故意销毁依法应当保存的会计凭证、会计账簿、财务会计报告；授意、指使、强令会计机构、会计人员及其他人员伪造、变造会计凭证、会计账簿，编制虚假财务会计报告或者隐匿、故意销毁依法应当保存的会计凭证、会计账簿、财务会计报告；贪污，挪用公款，职务侵占等与会计职务有关的违法行为。其中，因本办法规定的违法行为受到行政处罚，列入会计人员黑名单的有效期为5年；受到刑事处罚，列入会计人员黑名单的有效期为永久。

随着法治社会的不断进步，国家对于财会人员的法律约束力度逐渐加大，将"从事会计工作的人员是否具备专业能力、遵守职业道德"明确列入了法律监督范围，还加大了对提供虚假财务报告，做假账，隐匿或故意销毁会计凭证、账簿，贪污，挪用公款，职务侵占等违法行为的处罚力度。

因此，作为出纳，要加强自我约束，坚决不做触犯法律的事情！

实操笔记

【材料分析题】小韩是某企业的出纳，其所在企业欠小韩1万元，但到期后老板始终未还，遇到这种情况，小韩能自己在公款里拿钱吗？

答案：讨债和挪用公款是性质完全不同的两件事，虽然小韩掌管企业的钱，但小韩若违反规定擅自动用公款，就会涉嫌违法。因此，小韩应该通过合法的途径要求老板还钱，但不能利用职务之便挪用公款。

2.2 规则意识："国有国法，家有家规"

老陈与老余在小区闲聊，老陈问老余："老余，你们家花钱，一般谁做主啊？"老余说："当然是我的妻子，这是我们老余家的家规。"不仅每个家庭有自己的"家规"，每个企业也有自己的规章制度，我们把它叫作企业的"家规"。

2.2.1 遵守"家规"是出纳的基本职业操守

在企业里，那些涉及财务管理的规章制度，是财务人员开展业务工作的主要依据，从某种程度上来说，遵守"家规"是出纳的基本职业操守，这是因为只有当出纳能准确、完整地掌握所在企业相关的规章制度时，才能在实际工作中不折不扣地维护工作秩序，保证企业资产的正常使用与企业的安全运营。

出纳
小课堂

《中华人民共和国劳动合同法》第三十九条规定：

劳动者有下列情形之一的，用人单位可以解除劳动合同：

（一）在试用期间被证明不符合录用条件的；

（二）严重违反用人单位的规章制度的；

（三）严重失职，营私舞弊，给用人单位造成重大损害的；

（四）劳动者同时与其他用人单位建立劳动关系，对完成本单位的工作任务造成严重影响，或者经用人单位提出，拒不改正的；

（五）因本法第二十六条第一款第一项规定的情形致使劳动合同无效的；

（六）被依法追究刑事责任的。

每个企业的规章制度虽然有所不同，但大同小异。对于内容较多的规章制度，出纳可以牢记常用的内容，对于不常用的内容，对其查询渠道应做到心中有数，便于以后及时查询。

小胡是S企业的一名员工，他和同企业的出纳小赵私交甚好。凭借两人之间的关系，小胡以银行贷款需要收入证明为由，拿着一张比实际收入高出5000元的证明找小赵私下盖了公章。不久，小胡提出辞职，与企业发生纠纷，于是小胡将这份盖了公章的证明提交给法庭并要求赔偿。最终企业承担了赔偿责任，出纳小赵也因其舞弊行为承担了相应责任。

从表面上来看，这则案例中的出纳小赵是轻信他人所言才造成这种局面的，但从根源上来看，如果出纳小赵能在工作过程中严格执行规章制度，不因私人关系而给小胡盖章，那么也不会给企业带来损失。

2.2.2 出纳必须掌握的三大“家规”

对出纳而言，财务管理制度、收支审批程序和财务数据编制报告制度是必须掌握的三大“家规”。

财务管理制度

财务管理制度的内容通常包括：资产管理、账表规范、工作程序、审批权限、盘存清点、数据申报、档案资料、工作交接和监督管理等内容。因为财务管理制度是财务人员开展工作时经常使用和必须依据的综合性管理制度，所以出纳需要全面学习、掌握财务管理制度的各项内容。

收支审批程序

为了加强对财务收支的管理，明确具体要求，大部分企业除了建立综合性的财务管理制度外，还会专门制定收支审批程序，对财务收支的审批权限、办理方法和业务程序等做出专项规定。这项制度是出纳开展日常工作时使用频率最高的、必须熟知和严格执行的专项制度。

财务数据编制报告制度

企业的财务数据编制报告最终是为决策者所使用的。因此，有些企业会对财务数据的报出时间、格式、内容、核算、编制、分析和报告等提出具体要求，一般以书面形式在每月初报告。出纳业务的数据，主要涉及现金和银行存款状况，通常会包含在整体财务数据之内。因此，出纳应当按照规定，向会计按时提供准确、完整的数据。

关于“家规”的执行，以财务管理制度为例，若某企业的财务管理制度规定“报销金额在2000元及以上的需要总经理签字审批”，那么该企业的员工在报销时，就需要重点关注“2000元”这个临界点及“总经理签字审批”这个程序；又如某企业管理制度规定“关于现金日记账和银行存款日记账，出纳需要每5日以书面形式向总经理汇报”，那么该企业的出纳就要在规定的时间内，向总经理准确、完整地汇报工作。

实操笔记

【分析题】如果遇到很紧急的事情，出纳也一定要按照“家规”来吗？

答案：企业在制定规章制度的时候，通常会将一些意外情况考虑在内。若遇到一些特别紧急的事情，企业会给予高层管理人员一些特别决定的权力，这样既不会破坏“家规”，也不会耽误业务的处理。

2.3 保密意识：好出纳都懂得“二管一关”

在生活中，如果有一位陌生人问你家里有多少钱，你是否会感到不舒服？在企业中，亦是如此。企业的财务信息就像是家里的存款信息，是不能随便对别人说的事情，是企业的重要机密。

若出纳将这些财务信息透露给其他人，小则自己“饭碗”不保，大则会造成企业破产。因此，出纳应该具备保密意识，对企业的财务信息知而不露、秘而不宣，严守企业的数据秘密。

2.3.1 出纳岗位的特殊性决定了它的保密性

相较于企业的其他普通员工，出纳作为企业资金收付和保管的经手人，其岗位性质非常特殊。近些年，因出纳的保密工作不到位而导致严重后果的案例不胜枚举。

例如，小张在一家上市企业担任出纳，有次企业存在资金不足的情况，小张将这一信息泄露了出去，直接导致该上市企业的股价下跌。

又如出纳小王曾在私下将企业资金非常充裕的情况告诉了企业的同事，导致企业员工因不满薪酬福利待遇而与企业产生劳资纠纷。

由此可见，出纳岗位的特殊性决定了它的保密性。除了业务接口的财务人员（如接口会计）、直接上级、本企业最高领导、法律规定有权了解相关信息的人员，其他人员都是出纳应该保密的对象。虽然听起来有些“六亲不认”，但这是出纳岗位的职业需要。既然从事了出纳工作，就要理解并自律。

或许大家会和出纳小红一样，当关系不错的同事、朋友或者家里人问起企业财务上的事情时，小红会不好意思不说。事实上，症结在小红自己身上，小红可以正面告诉他们不说的原因，并取得他们的理解，这样小红既不会招来别人的责怪，也不会因为泄露财务信息而感到担忧。

那么，对于出纳小红而言，哪些事情是要保密的呢？一般有以下 3 种类别。

1. 企业账户的余额

企业账户的余额就像一个家庭的资产金额一样，有经验的会计师能够从中分析出很多有用的信息，若被有心人利用，那么企业将会面临危机。

2. 企业的资金动向

企业的资金动向主要包括资金的流入与流出，即资金从哪里流入、流向哪里等情况，这些是企业的商业机密。

例如，A 企业近期想对一个项目投入巨额资金，那么在这个过程中，企业必然会有一些筹集资金的行动。在未向外界公布之前，参与这个行动的出纳是十分清楚企业的销售渠道、货物来源和资金的来龙去脉的。若这些信息被外界知道，那么很可能给企业引来竞争，造成不可估量的损失。

3. 企业员工的工资与福利费

一般情况下，企业对外公布的数据里，员工工资和福利费的总数已然不是什么秘密。但每个员工具体所得的金额就是需要保密的信息了。出纳之所以要对员工所得的工资与福利费保密，主要有以下 2 个原因。

（1）保护员工个人隐私。

没有人愿意到处宣扬自己的隐私，无论是在国外还是在国内，就算是父母兄弟问起工资之事，很多人也是不乐意说的。因此出纳不能泄露员工的个人隐私，员工之间也不能随意讨论工资数额，毕竟每位员工的工作强度与贡献程度都不尽相同，而且在相同岗位上，员工的学历、素质、经验也会存在差异。

（2）工资保密制能够降低企业用人的成本。

为了避免不必要的麻烦，很多企业都会禁止员工之间谈论工资。而作为企业的出纳，更应坚持这一原则。员工工资信息一旦泄露，很可能导致员工纷纷跳槽，使企业的用人成本大幅上升，影响企业员工队伍的稳定性。

出纳小课堂

《中华人民共和国刑法》第二百一十九条规定：

有下列侵犯商业秘密行为之一，给商业秘密的权利人造成重大损失的，处三年以下有期徒刑或者拘役，并处或者单处罚金；造成特别严重后果的，处三年以上七年以下有期徒刑，并处罚金：（一）以盗窃、利诱、胁迫或者其他不正当手段获取权利人的商业秘密的；（二）披露、使用或者允许他人使用以前项手段获取的权利人的商业秘密的；（三）违反约定或者违反权利人有关保守商业秘密的要求，披露、使用或者允许他人使用其所掌握的商业秘密的。明知或者应知前款所列行为，获取、使用或者披露他人的商业秘密的，以侵犯商业秘密论处。

2.3.2 “二管一关”：管住嘴、管好物、关好门

一个好的出纳，通常会秉持“二管一关”的原则，即管住嘴、管好物和关好门。

1. 管住嘴

俗话说，“病从口入，祸从口出”，出纳要坚持“不该说的绝对不说，不管谁来问都不说”的原则。

已经退休的出纳老马曾经对新出纳讲过，做好出纳工作的三大秘诀就是“闭

嘴巴、竖耳朵和睁眼睛”。“闭嘴巴”是指不要过多向外人透露与工作相关的事情；“竖耳朵”是指不要认为别人的事与自己无关，要注意聆听周围人所讲的财务内容，做到心中有数，早做准备；“睁眼睛”是指仔细观察财务的相关情况，及时发现财务隐患。也正是因为有这三大秘诀，让老马能时时刻刻约束自己，成了一名值得后辈学习的老出纳。

2. 管好物

出纳的工作，常常会涉及货币资金、票据、凭证、账本、印章、登记簿、证照和存档资料等繁杂的物品。

作为一名出纳，应该把这些物品看成是“家传十八代”的宝贝，做到不乱丢、不弄脏、不弄坏，精心保管和使用这些物品。

对于“管好物”，出纳需要注意的是，当自己要去洗手间时，首先要整理好桌上的物品，然后把支票、现金、凭证、账本等重要物品锁进保险柜中，这样才能确保万无一失。

3. 关好门

可能会有很多人发现，大部分企业的财务部门，都有一个单独的办公室。无论在什么时间，只要出纳离开办公室，就需要将房门锁好。并且，出纳也应及时引导非办公人员离开办公室，以最大限度地减少管理隐患。

实操笔记

【多选题】出纳的“二管一关”指的是什么？

A. 管住嘴　　B. 管好物

C. 关好门　　D. 管好人

答案：ABC

2.4 风险意识：防微杜渐，降低安全隐患

当今社会，有很多“见财起意”的刑事案件，掌管大笔资金的出纳通常也是那些犯罪分子抢劫或者盗窃的作案目标人群。因此，既然从事了出纳工作，出纳就要做好充分的心理准备，保持足够的风险意识，这样才能防微杜渐，降低工作中的安全隐患。

2.4.1 出纳可能会面临的两大风险

归纳起来，出纳在工作过程中常常会面临以下两大风险。

1. 抢劫风险

小秦是T企业的一名出纳，在工作中，小秦常常要外出取送款。在取送款的途中，因为小秦随身携带的现金、支票、汇票和有价证券的数额都比较大，所以小秦十分害怕遭遇抢劫。为了规避抢劫风险，小秦通常会向上级申请专车，并带一名同事随行陪护，有时还会向当地公安部门或安保机构提出护送请求。

2. 盗窃风险

出纳的工作区域是一个极其容易发生盗窃行为的地方。若有些不是前来办理业务的人员常常在财务区域逗留，或者在出纳不在办公室的时候乱翻东西，那么这类人可能有盗窃意图。

比如，出纳小秦曾经遇到过一起盗窃事件。有一名办理出纳业务的同事趁小秦上厕所的时间，盗取了小秦办公室的一些现金，后来通过监控，小秦找出了盗窃人员并追回了钱款。由此可见，出纳要随时保持警惕意识，尽量让其他人员离开财务办公区域，从而规避盗窃风险。

2.4.2 资金保管的“三要”原则

出纳需要坚持资金保管的“三要”原则。

1. 要点清

“要点清”原则是出纳最基本的业务原则，即要“当面点清”。在生活中，我们在银行办理存款时，工作人员会当着我们的面，至少点两遍金额，其目的就是保证现金金额的准确性，避免以后发生金钱纠纷。

出纳小秦也曾吃过这方面的亏。有一次，小武把刚收齐的500元党费交给小秦，而他刚好要去另一个办公室办理事情，就让小武把党费放在自己的桌上，想等自己回来后再处理。但小秦回到办公室清点后发现少了50元，于是两人之间发生了不愉快，财务经理让小秦承担赔钱责任。

若小秦能及时当着小武的面清点钱款，并将钱款放到安全的区域，就不会出现后面的赔钱纠纷。

2. 要锁存

所谓“锁存”，是指出纳要将收到的款项加锁保存。出纳要养成随手锁存的习惯，将钱款及时存入保险柜或者交存银行，这样才能有效地规避风险。需要注意的是，出纳须严格按照银行和企业关于现金库存限额的规定锁存钱款，不得超额，以此来降低发生失窃案件的风险。

不及时锁存，常常会引发失窃事件。比如出纳小谢有一次在清点现金时，经理让他到隔壁办公室取票据。小谢认为自己只需几秒钟就能回来，因此没把正在清点的现金放进保险柜中锁存。5分钟后，小谢返回办公室，发现桌上的钱不见了，后因找不出偷窃的人，小谢只能自己承担赔偿责任。

俗话说：“防人之心不可无。”无论何时何地，出纳都要有防范意识，不给任何人下手的机会。

3. 要带好

出纳在去银行取送现金、支票时，或者在购买银行空白凭证的过程中，都存在携带钱款的环节，可见，钱款携带环节的隐患也不容忽视。

例如，出纳张大姐准备将1万元现金存入银行，在去银行之前，张大姐将装有1万元现金的提袋放在自行车的车筐中，可在去相距500米的银行的路上，车链条坏了，当张大姐下车查看链条时，突然跑来一人将装钱的提袋抢走了。

这是一个典型的钱款携带环节的安全事故，若张大姐不是将装有现金的提袋随意地放在自行车的车筐中，而是做到“款不离身”，那么这一事件就可能不会发生。

出纳
小课堂

对于出纳岗位而言，安全具有以下两层含义：

- 出纳的人身安全；
- 企业的财务安全。

其中，人身安全包括出纳个人的生命安全和财产安全；企业的财务安全包括企业的钱款安全与贵重物品安全。

在紧急情况下，出纳要做到：先保命，再保钱。

2.4.3 规避风险的四大实操方法

通过上文的介绍，对于出纳工作中的一些风险，想必你已有了一定了解，那么，在工作中，我们又该如何去规避风险呢？以下有四大实操方法供大家参考。

1. 用好保险柜

保险柜是保存款项最安全的一种工具，一般情况下，保险柜放于出纳的办公室内。出纳在输入保险柜密码时，要做到不被人看到，避免密码泄露。同时新出纳接岗后，需要修改保险柜的密码。

需要注意的是，保险柜不能存放私人物品。为了更好地保证保险柜的安全，出纳还可以申请加装防盗门与防盗窗。

2. 用好验钞机

通常情况下，能用验钞机验的钱款就用验钞机验，需要出纳手动清点现钞时，出纳要做好三个流程——摸、看、摆，这样才能保证钱款与账面金额相符，避免财务数据出现错误。

3. 仔细检查报销手续

对于报销人拿来的报销单据，出纳要对其进行严格的检查，比如发票的真假、审批人是否签字、大小写金额是否正确等。若收到不符合规定的单据，须退回给报销人，避免给企业带来财务上的漏洞与风险。

4. 携带好款项

出纳携带现金时，为规避安全风险，可以借鉴以下三条经验。

第一，携带途中尽量不做其他的事情，不在途中停留，直接抵达目的地。第二，系牢装现金或支票的包袋。第三，将装现金或支票的包袋时刻放在胸前。

实操笔记

【分析题】出纳丢了现金要赔吗?

答案：一般而言，出纳丢了企业的钱，企业是没有义务补的，按照行业惯例，出纳丢钱是要承担全额赔偿责任的。

第3章

金牌出纳的基本功修炼

古人云："合抱之木，生于毫末；九层之台，起于垒土；千里之行，始于足下。"可见，打好基础、练好基本功是我们成功的前提。这也就意味着，要想成为金牌出纳，首先得扎扎实实地练好六大基本功，即点钞、验钞、使用保险柜、填写票据、管理印章、编制出纳报告单和银行存款余额调节表。

♻ 3.1 点钞：一熟，二快，三准

财会专业毕业的小刘曾在学校上过点钞的专业课，在课上，老师说过这样一句话："点钞要做到一熟，二快，三准，这样你的点钞技术才算合格。"可见，点钞是出纳必学的一门基本功，出纳只有学好点钞技术，才能提升工作效率。

3.1.1 点钞的两种方式：手工点钞和点钞机点钞

点钞方式主要分为两种，一种是手工点钞，另一种是点钞机点钞。但在实际工作中，出纳一般使用手工点钞的方法，将点钞机作为辅助工具。

1. 手工点钞

手工点钞的基本程序如图 3-1 所示。

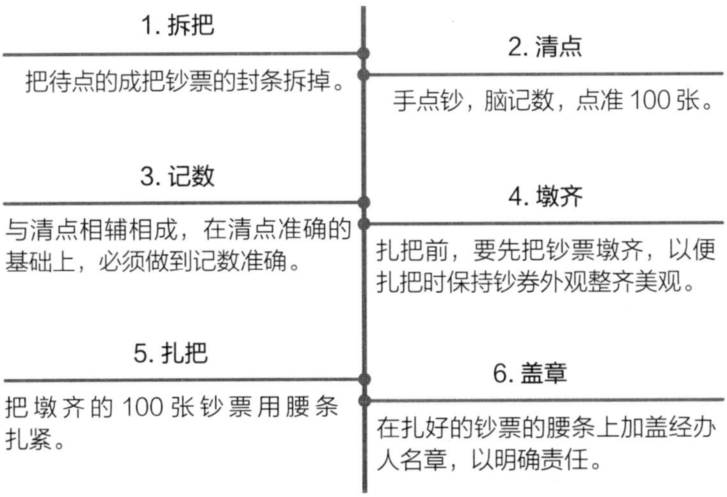

图 3-1 手工点钞的基本程序

手工点钞的方法主要分为四种：单指单张点钞法、单指多张点钞法、多指多张点钞法和扇面式点钞法。

单指单张点钞法

单指单张点钞法是指一个手指一次点一张钞票的方法，这种方法是最基本也是最常用的方法。其使用范围广（适用于收款、付款和整点各种新旧大小钞票）、使用频率高。其优点是：出纳能看到票面的3/4，比较容易发现假钞与残破票。其缺点是：出纳需要点一张记一个数，比较费力。

单指单张点钞法的具体操作方法为：

◣持票

左手横持钞票，下面朝向身体，左手拇指在钞票正面左端的1/4处，食指与中指在钞票背面与拇指同时捏住钞票，无名指与小拇指自然弯曲并伸向票面左下方，与中指夹紧钞票，食指伸直，拇指向上移动，按住钞票侧面，将钞票压成瓦形，左手将钞票从桌面上擦过，拇指顺势将钞票向上翻成微开的扇形，右手拇指、食指做好点钞准备。

◣清点

左手持钞形成瓦形后，右手食指拖住钞票背面右上角，用拇指尖逐张向下捻动钞票右上角，捻动幅度要小，不要抬得过高，要轻捻，食指在钞票背面的右段配合拇指捻动，左手拇指按捏钞票不要过紧，要配合右手起自然助推的作用，右手的无名指将捻起的钞票向怀里轻点快弹。

◣记数

记数与清点同时进行，出纳在点数速度快的情况下，往往由于记数迟缓而影响点钞的效率，因此记数应该采用分组记数法，即把10作1记，1、2、3、4、5、6、7、8、9、1（即10），1、2、3、4、5、6、7、8、9、1（即20），以此类推。这种记数法既简单又快捷省力，但记数时切忌念出声，采用默记的方法即可。

单指多张点钞法

单指多张点钞法是指点钞时一指同时点两张或两张以上钞票的方法。它适用于收款、付款和各种券别的整点工作。其优点是：点钞时记数简单省力效率高。其缺点是：在一指捻几张时因为不能看到中间几张的全部票面，所以不易发现假钞和残破票。除清点和记数外，其他环节的操作方法均与单指单张点钞法相同。

单指多张点钞法

◣清点

清点时，右手食指放在钞票背面右上角，拇指肚放在正面右上角，拇指尖超出票面，用拇指肚先捻钞。若以两张钞票为基数，则拇指肚先捻第一张，拇指尖捻第二张。若以三张钞票为基数，则拇指用力要均衡，捻的幅度不要太大，食指、中指在票后面配合捻动，拇指捻张，无名指向怀里弹，在右手拇指往下捻动的同时，左手拇指稍抬，使票面拱起，从侧边分层错开，便于看清张数，左手拇指往下拨钞票，右手拇指抬起让钞票下落，左手拇指在拨钞的同时下按其余钞票，左右两手拇指一起一落协调动作，如此循环，直至点完。

◣记数

采用分组记数法，如点双数，两张为一组记一个数，50组就是100张。

多指多张点钞法

多指多张点钞法是指点钞时用小指、无名指、中指、食指依次捻下一张钞票的方法，一次清点四张钞票的方法叫四指四张点钞法。这种点钞法适用于收款、付款和各种券别的整点工作。其优点是：不仅省力、省脑而且效率高，还能够帮助出纳逐张识别假钞和挑出残破票。其缺点是：适合较新钞票的清点，对于旧票则不易操作。

◣持票

用左手持钞，中指在前，食指、无名指、小指在后，将钞票夹紧，四指同时弯曲将钞票轻压成瓦形，拇指在钞票的右上角外面，将钞票推成小扇面，然后手腕向里转使钞票的右里角抬起，右手五指准备清点。

◣清点

右手腕抬起，拇指贴在钞票的右里角，其余四指同时弯曲并拢，从小指开始每指捻动一张钞票，依次下滑四个手指，每一次下滑动作捻下四张钞票，循环操作，直至点完100张。

◣记数

采用分组计数法，四张为一组，记满25组为100张。

扇面式点钞法是指把钞票捻成扇面状进行清点的方法。其优点是：点钞效率最高。其缺点是：只适合清点新钞票，不适于清点新、旧、破混合的钞票。

◣持票

钞票竖拿，左手拇指在票前下部距中间票面约 1/4 处，食指、中指在票后同拇指一起捏住钞票，无名指和小指向手心弯曲，右手拇指在左手拇指的上端，用虎口从右侧卡住钞票成瓦形，食指、中指、无名指、小指均横在钞票背面，做开扇准备。

◣开扇

开扇是扇面式点钞法的一个重要环节，扇面要开得均匀，为点数打好基础，做好准备。其方法是：以左手为轴，右手食指将钞票向胸前左下方压弯，然后再猛向右方闪动，同时右手拇指在票前向左上方推动钞票，食指、中指在钞票后面用力向右捻动，左手手指在钞票原位置向逆时针方向画弧捻动，食指、中指在钞票后面用力向左上方捻动，右手手指逐步向下移动，至右下角时即可将钞票推成扇面形。如有不均匀的地方，可双手持钞抖动使其均匀。打扇面时，左右两手一定要配合协调，不要将钞票捏得过紧，如果点钞时采取一按十张的方法，扇面要开小些，便于清点。

◣清点

左手持扇面，右手中指、无名指、小指托住钞票背面，拇指在钞票右上角 1 厘米处，一次按下 5 张或 10 张；按下后用食指压住，拇指继续向前按第二次，以此类推，同时左手应随右手点数速度向内转动扇面，以迎合右手按动，直到点完 100 张为止。

◣记数

采用分组记数法，一次按 5 张为一组，记满 20 组为 100 张；一次按 10 张为一组，记满 10 组为 100 张。

◣合扇

合扇时左手要向右倒，右手托住钞票右侧向左合拢，左右手指向中间一起用力，使钞票竖立在桌面上，两手松拢轻墩，把钞票墩齐。点钞完毕后需要对所点钞票进行扎把，通常是将 100 张捆扎成一把，

扇面式点钞法

捆扎分为缠绕式和扭结式两种方法。

1. 缠绕式

出纳临柜收款时通常采用此种方法，需使用牛皮纸腰条，其具体操作方法如下：（1）将点过的钞票100张墩齐；（2）左手从长的方向拦腰握住钞票，使之成为瓦状（瓦状的幅度影响扎钞的松紧，在捆扎中幅度不能变）；（3）右手握着腰条头将其从钞票的长方向夹入钞票的中间（离一端1/4 ～ 1/3处），从凹面开始绕钞票两圈；（4）在翻到钞票原转角处时，将腰条向右折叠90°，将腰条头绕捆在钞票的腰条转两圈打结；（5）整理钞票。

2. 扭结式

点钞技术考核与比赛时通常采用此种方法，需使用绵纸腰条，其具体操作方法如下：（1）将点过的钞票100张墩齐；（2）左手握钞，使之成为瓦状；（3）右手将腰条放置在钞票凸面，将两腰条头绕到凹面，左手食指、拇指分别按住腰条与钞票厚度交界处；（4）右手拇指、食指夹住其中一端腰条头，中指、无名指夹住另一端腰条头，并合在一起，右手顺时针转180°，左手逆时针转180°，将拇指和食指夹住的那一头从腰条与钞票之间绕过、打结；（5）整理钞票。

2. 点钞机点钞

在20世纪80年代的温州，点钞机就已出现。当下的点钞机采用了紫外光源照射、磁性感应等高端技术，既能帮助财务人员对纸币细微之处的真伪进行甄别，又能快速准确地清点钞票，提升工作效率，是出纳的好帮手。

H企业刚配置了一批点钞机，出纳小康在使用点钞机时，可以遵循以下操作步骤，如图3-2所示。

图 3-2　点钞机的操作步骤

在日常工作中，点钞机难免会发生一些异常现象，如发出鸣音、卡币、点钞不准等。

点钞机连续发出鸣音，且磁性绿色灯闪亮时，说明出纳刚刚验完的一张纸币可能存在问题。遇到这种情况，出纳应该将纸币重新取出，然后再将其放进去检验。若重新检验后，点钞机还是连续发出鸣音，且磁性绿色灯闪亮，那么，出纳基本可以判定这张纸币存在问题，需要对其仔细甄别。

点钞过程中出现卡币的现象，主要是纸币放入的位置不正，纸币较为褶皱所致。出纳可以关机并切断电源，掀开点钞机面板，取出卡币并整理纸币。

点钞机出现点钞不准的情况时，出纳可以先按照厂家说明书上介绍的方法进行处理，如果还不能解决问题，出纳需要联系设备的维修机构，请专业人员来解决问题。

出纳小课堂

使用点钞机时的注意事项：

点钞机运行时，不得将手或者非纸钞物品放入机身内，防止发生人身或设备事故。

点钞数量较大时，还应当人工清点钞票，以确保钞票金额准确。

随着防伪技术的提高，出纳应当及时升级点钞机或更换点钞机，以防误检和漏检。

3.1.2 如何提高点钞速度

出纳如果想要提高点钞速度，那么在点钞过程中，就需要注意以下 7 点内容。

1. 端正坐姿

在点钞时，需要直腰挺胸，身体呈自然状态，放松肌肉，具体动作为：双肘自然放在桌面，持票人的左手腕接触桌面，右手腕稍稍抬起。

2. 固定操作用品的位置

在点钞过程中，会用到印泥、图章、水盒及腰条等工具，其摆放位置要固定好，便于使用时顺手取放，以提高工作效率。

3. 匀速清点，点数准确

在点钞过程中，手、脑、眼要充分配合，并在精神集中的情况下匀速清点钞票，以保证清点的准确性。

4. 墩齐钞票

点好钞票后，必须按照要求将钞票墩齐（四条边水平、不露头、角拉平），墩齐后才能扎把。

5. 扎把捆紧

一般情况下，钞票是“扎小把”，以提起把中第一张钞票不被抽出为准；按“井”字形捆扎的大把，以用力推不变形、抽不出票把为标准。

6. 盖章清晰

完成钞票的扎把后，需要在每一扎的腰条上盖上名章，章印要清晰可见。

7. 动作连贯、环环相扣

在进行以上点钞流程时，动作要协调、连贯且匀速，并且要注意减少不必要的小动作，从而提升点钞效率。

出纳
小课堂

手工点钞“64 字口诀”：

平铺整齐，边角无折。同券一起，不能混淆。
券面同向，不能颠倒。验查真伪，去伪存真。
剔除残币，完残分放。百张一把，十把一捆。
扎把捆捆，经办盖章。清点结账，复核入库。

俗话说：“熟能生巧，巧能生精。”点钞技术亦是如此，出纳若能够不断练习点钞基本功，相信很快就能达到“一熟、二快、三准”的水平。

实操笔记

【写一写】手工点钞的基本程序是怎样的？请你默写下来。

3.2 验钞：看、摸、听、测四大招，找出残币与假钞

出纳小李由于验钞技术不过关，曾收到过 10 张假钞，后因这 10 张假钞而承担了赔偿责任，可见，不会验钞的出纳也不是好出纳。

3.2.1 鉴别真伪四大招——看、摸、听、测

2019 年，新版第五套人民币发行，对于财务人员而言，及时掌握新版人民币的鉴伪技巧是其工作要求之一。

在学会鉴别新版人民币真伪之前，出纳需要了解新版人民币与旧版人民币之间的区别，以 50 元面额的纸币为例，其正面如图 3-3 所示。

图 3-3　2019 年版（上）与 2005 年版（下）的 50 元纸币正面

其背面如图 3-4 所示。

图 3-4　2019 年版（上）与 2005 年版（下）的 50 元纸币背面

通过对比，我们可以发现新版人民币做了以下改动。

1. 取消

正面：取消左下角光变油墨面额数字；取消右侧凹印手感线。

背面：取消全息磁性开窗安全线；取消右下角局部图案。

2. 增加

正面：左侧增加装饰纹样；右侧增加感光变镂空开窗安全线；右侧增加竖号码。

3. 调整

正面：中部面额数字调整为光彩光变面额数字“50”；调整中部装饰团花的样式；调整左侧横号码的样式；调整左侧胶印对印图案的样式；调整右侧人像的样式；调整右上角面额数字的样式。

背面：调整主景的样式；调整面额数字的样式；调整胶印对印图案的样式；“2005 年”改为“2019 年”。

相较于旧版人民币，新版人民币的防伪标志主要有以下 6 个。

1. 光彩光变面额数字（如图 3-5 所示）

图 3-5　光彩光变面额数字

2. 动感光变镂空开窗安全线（如图 3-6 所示）

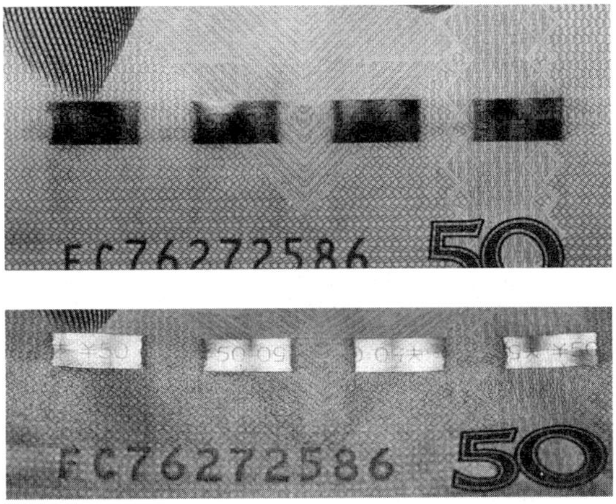

图 3-6 动感光变镂空开窗安全线

3. 雕刻凹印（如图 3-7 所示）

图 3-7 雕刻凹印

4. 人像水印（如图 3-8 所示）

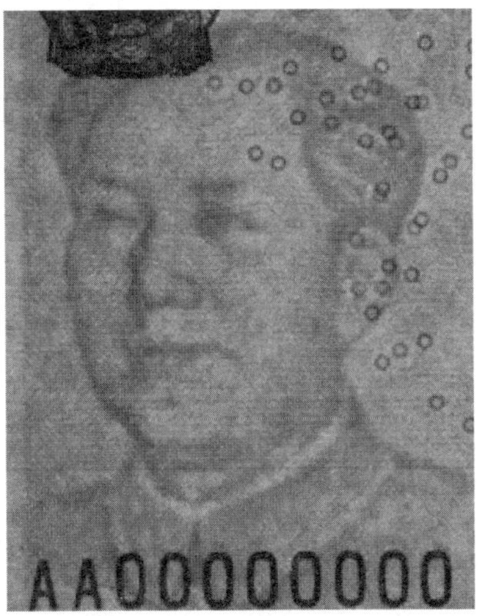

图 3-8 人像水印

5. 胶印对印图案（如图 3-9 所示）

图 3-9　胶印对印图案

6. 白水印（如图 3-10 所示）

图 3-10　白水印

根据以上防伪标志，假如出纳小李拿到一张新版人民币，那么他可以采取以下四大招来鉴别人民币的真伪。

1. 看

小李可以观察人民币的水印（2019 年版第五套人民币未发行 100 元和 5 元人民币），迎着光照看人民币，若是 10 元以上的人民币，小李则可以看见人像或者花卉水印。同时，小李还可以观察新版人民币的对印图案，对印图案位于钞票正面左下方和背面右下方，若透光观察，正反面的对印图案会组成完整的数字。

除迎光观察人民币外，小李也可以转动人民币看数字，正常情况下，人民币中间的面额数字会变色，如50元人民币会由绿变蓝，20元人民币会由金变绿。小李还可以转动人民币看安全线，新版人民币上的安全线上有微缩文字，且不论新老版，其安全线不易被抽出，线条清晰，对接线对接完好，无留白或空隙。

2. 摸

人民币均采用凹版印刷，小李可以抚摸人民币上的盲文点、“中国人民银行”字样、人像部位等位置，若有明显的凹凸感，用手指划过有明显的阻力，则是真币。

3. 听

小李可以将钞票拿在手中，用手指弹动纸张，若纸张发软、偏薄，声音发闷，不耐揉折，那么小李手里拿的是假币。

4. 测

小李还可以用仪器进行荧光检测，一般情况下，真币未经荧光漂白，在荧光灯下不会发光，而假币多经过漂白，在荧光灯下有明显的荧光。

截至本书写作时（2020 年 8 月），中国人民银行发布了关于 2020 年 11 月 5 日起发行 2020 年版第五套人民币 5 元纸币的公告，但还未正式施行。

总之，新版人民币与旧版人民币的鉴别方法大同小异，唯一不同的是新版人民币的鉴伪标志变得更多，其鉴伪方法变得更严谨。

3.2.2 残币与假币处理

出纳小李在验钞过程中发现了残币与假币，此时他又该如何处理呢？

1. 残币处理

残币是指有残缺或污迹的纸钞。在生活中，很多出纳为了方便，对于残币都采用拒收的方法，但除拒收外，还有兑换的处理方式。

比如小李在兑换全额时，可以先对残缺的纸钞做一个初步的判断，若票面残缺不超过 1/5，其余部分图案、文字连接清楚，或者经过污损后仍然能辨别真假，那么小李可以将其拿到银行进行全额兑换。

出纳
小课堂

依据中国人民银行颁布的《中国人民银行残缺污损人民币兑换办法》第四条的规定，残缺、污损人民币兑换分“全额”“半额”两种情况。

（一）能辨别面额，票面剩余四分之三（含四分之三）以上，其图案、文字能按原样连接的残缺、污损人民币，金融机构应向持有人按原面额全额兑换。

（二）能辨别面额，票面剩余二分之一（含二分之一）至四分之三以下，其图案、文字能按原样连接的残缺、污损人民币，金融机构应向持有人按原面额的一半兑换。

纸币呈正十字形缺少四分之一的，按原面额的一半兑换。

事实上，不同银行的残币兑换制度会有不同，但只要银行能认可，小李就可以实现兑换。

2. 假币处理

出纳小李误收假币后，不应再使用，应上缴当地银行或公安机关；若看到他人大量持有假币，应劝其上缴，或向公安机关报告；若发现有人制造、买卖假币，应掌握证据，向公安机关报告。

对于假币，小李要有警惕意识，若小李去银行交存现金时，被银行柜员发现假币，那么假币会被当场没收，根据行业惯例，小李要为这笔钱负赔偿责任。

实操笔记

【材料分析题】出纳小胡有次收款时发现可疑钱币，自己无法判定真假，此时他应该怎么办？

答案：出纳如发现可疑钱币不能断定真假，不得随意加盖假币戳记和没收，应向持币人说明情况，开具临时收据，连同可疑钱币及时报送当地银行或公安部门。

3.3 使用保险柜：为财物管理上一道锁

W 旅游公司为了保证财产安全，采购了一批保险柜，用来专门保管库存资金、有价证券、银行票据、印章等重要财物。要想保护好企业的财物，除企业负责人要做好保险柜的硬件配置外，财务人员还须用好保险柜，这样才能真正发挥出保险柜的保护作用。

3.3.1 保险柜的配备与选择

老傅是 B 公司的出纳，其工作时间已有 30 年之久。谈及工作，老傅不禁感慨，以前财物都锁在办公室的抽屉里，安全系数低。现在，随着公司的快速发展，公司日常经济活动越来越多，需要保存的重要文件数量也持续增加。在这种情况下，为了做好财物管理，B 公司给老傅等财务人员配置了保险柜。

B 公司配备保险柜时，首先对每个财务人员进行了相关调研，根据每个财务人员的需要，来确定保险柜的容量大小及安全等级。自从有了保险柜，老傅心里踏实了许多，其工作也做得更加顺心。

在实际生活中，有很多出纳会根据自身情况向企业申请购买保险柜，而出纳在选择保险柜时，需要考虑以下三个方面。

- 计算存放物品的大约金额及所需容量；
- 选择保险柜的功能（防火、防盗或两项兼具）；
- 详细了解保险柜的保固期及售后服务是否健全。

市面上常见的保险柜品种及其优缺点如表 3-1 所示。

表 3-1　市面上常见的保险柜品种及其优缺点

	机械密码类	电子密码类	卡式锁类	指纹类
优点	比较稳定、耐用，而且不需要电源	操作快，修改密码比较简单随意	可以用自己的银行卡来开保险柜的门	保密性强，易用
缺点	操作方法复杂，需要专业人员修改密码	稳定和耐用性不如机械密码	IC 卡若和强磁的东西放在一起，就可能会失灵	对手的干湿度要求比较严，对手指放的位置的识别也比较呆板

保险柜也有安全级别，依次为 A1、A2、B1、B2、B3、C 这六类，其中 A1 的安全级别最低，C 的安全级别最高，出纳在挑选时可以根据自己的需求来选择。同时，若是想选择防盗性能较强的保险柜，出纳最好不要挑选具有应急钥匙孔的保险柜，虽然其钥匙孔的位置比较隐蔽，但如果被小偷找到，小偷就能轻而易举地打开保险柜。并且如出纳忘记密码或者丢了钥匙，保险柜只能通过外力打开。

出纳
小课堂

保险柜的四大维护方法：

◣保险柜应放置在隐蔽、干燥之处；

◣注意通风、防湿、防潮、防虫和防鼠；

◣保险柜外要经常擦抹干净，保险柜内财物应保持整洁卫生、存放整齐；

◣一旦保险柜发生故障，应到公安机关指定的维修点进行修理，以防泄密或失盗。

3.3.2 保险柜的开启与物品存放

对于出纳老傅而言，保险柜的开启也应由老傅自己负责，换言之，老傅之外的人员不能开启保险柜，就算老傅本人在场也不能由他人来开启保险柜。若清查小组的人需要对老傅的工作进行抽查，那么可以按照企业的内部规定，经领导批准后，在老傅在场的情况下开启保险柜。

通常情况下，老傅需要存入保险柜的财物如图 3-11 所示。

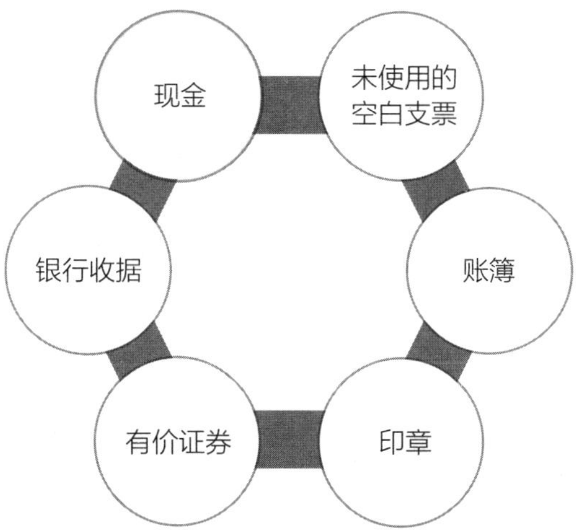

图 3-11　保险柜里存放的财物

老傅在存放财物的过程中，需要将物品按照种类造册登记，若有贵重物品，需要登记其质量、重量、金额等相关信息，账簿登记的内容应与所有财物核对相符。

出纳
小课堂

用保险柜放私人物品的行为并不违法，但可能会违反企业的规章制度。

如果用保险柜存放私人物品时，存在其他违法犯罪行为，当事人需要对自己的行为依法承担相应的法律责任。

3.3.3 保险柜的日常管理

要想做好保险柜的日常管理，最好的方法就是坚持“五专”原则，即专人管理、专人保管钥匙、专人开启、专人存取财务及设置专用密码。

1. 专人管理

企业买回保险柜后，一般会将其安装在财务室的专用位置，即距离财物主管人员和使用者（出纳）较近的地方，由专人对其进行管理。

2. 专人保管钥匙

一般情况下，企业会配备两把钥匙，一把交由出纳保管，另一把则封存起来，交由企业的安保部门或企业财务负责人保管。

例如，出纳老傅手中的这把专用钥匙主要供日常使用，不能随意交于他人保管，若因为老傅将钥匙交于他人保管而导致保险柜内的财务被盗窃，老傅就要负部分赔偿责任。

3. 专人开启

保险柜必须由专人开启，其他人不能随意开启保险柜。

4. 专人存取财物

保险柜中财物的存取，只能由专人进行。

5. 设置专用密码

密码有简单与复杂之分，保险柜的密码应当设置安全性较高的专用密码，出纳需要牢记专用密码并做好保密工作，不得向他人泄露，防止被他人利用。同时，出纳还需定期对专用密码进行修改，从而降低密码泄露的风险。若出纳存在调动岗位、离职等情况，那么新的出纳接手岗位后，需要及时更换旧密码。

实操笔记

【材料分析题】如果出纳老傅的保险柜被盗了，他应该怎么办？

答案：首先，出纳老傅应该立即报警，并且保护好现场，等警察勘查完现场后，再清理财物被盗的办公区域。

3.4　填写票据：数字书写须规范

刚担任出纳的小洪，对于票据的书写不知如何下手。然而对于出纳来说，填写票据是一项基本功，票据填写有固定的书写规范，出纳须对其进行了解。

3.4.1　金额书写规矩多

票据上的大小写数字，一般表示金额，其重要性不言而喻，大小写数字有其固定的书写规范。

1. 大写金额的书写规范

大写数字始用于明朝，朱元璋因“郭恒案”而颁布相关法令，为了避免贪污情况的发生，法令中要求记账的数字必须由“一、二、三、四、五、六、七、八、九、十、百、千”改为“壹、贰、叁、肆、伍、陆、柒、捌、玖、拾、佰（陌）、仟（阡）”等复杂的汉字，以此增加涂改账册的难度。

除了会写这些大写数字，出纳还应注意以下8个方面。

（1）用正楷或行书撰写大写数字，不得用一、二（两）、三、四、五、六、七、八、九、十填写，不得使用简化字和生造字。

（2）大写数字写到“元”为止，“元”之后应接“整”或“正”的字样，“角”和“分”之后，不能接“整”或“正”的字样。

（3）大写数字前应标明“人民币”字样，后面紧接大写数字，不得留有空格。

（4）小写数字中间若有“0”时，大写数字必须写“零”字。

（5）若小写数字中的“0”是连续的，那么大写数字中间只能写一个“零”字，如￥8001，应写成“人民币捌仟零壹元整”。

（6）若阿拉伯数字万位和个位是“0”，或者数字中间连续有几个“0”，万位、个位也是“0”，但千位、角位不是“0”时，大写数字中可以只写一个“零”字，也可以不写“零”字。如￥1790.42，应写成“人民币壹仟柒佰玖拾元零肆角贰分”，或者写成“人民币壹仟柒佰玖拾元肆角贰分”，又如￥208000.64，应写成“人民币贰拾万捌仟元零陆角肆分”，或者写成“人民币贰拾万零捌仟元陆角肆分”。

（7）当小写数字的角位是“0”，分位不是“0”时，大写数字的“元”后面应写“零”字，如￥331.03，应写成“人民币叁佰叁拾壹元零叁分”。

（8）大写金额中“壹拾×”“壹佰（仟、万）×”中的“壹”字，不能省略，必须书写。如￥1048.00，应写成“人民币壹仟零肆拾捌元整”，￥19.78，应写成“人民币壹拾玖元柒角捌分”。

2. 小写金额的书写规范

（1）从左到右依次书写阿拉伯数字，不能连笔写。

（2）每一个数字占据一个数位，数位自小到大。

（3）数字的书写应字迹工整、排列有序，一般向左下方倾斜（数字与底线应成60°的倾斜）。

（4）数字的每格（行）上方应预留1/3或1/2的空格位置，便于以后修订使用。

（5）数字前应填写货币币种符号或货币名称的简写，且货币币种符号与阿拉伯数字之间不得留有空白。凡阿拉伯数字前写有币种符号的，数字后面不再写货币单位。人民币符号为“￥”。需要注意的是，出纳在登记账簿、编制报表时不能使用“¥”符号，因为账簿、报表上不存在金额数字被涂改而造成损失的情况，在账页或报表上如果使用“¥”反而会增加出现错误的可能性。

（6）所有以元为单位（其他货币种类为货币基本单位）的阿拉伯数字，除表示单价等情况外，一律填写到角分。无角分的，角位和分位可写“00”，或者符号“—”；有角分的，分位应当写“0”，不得用符号“—”代替。

出纳小课堂

“数位”是指按照一定顺序排列的不同计数单位所占的位置。数位顺序表从右端算起，第一位是“个位”，第二位是“十位”，第三位是“百位”，第四位是“千位”，第五位是“万位”……同一个数字，由于所在的数位不同，其所表示的数值也就不同。

数的整数部分，通常采用国际通用的“三位分节制”，从个位向左每三位数用分节号“，”分开，带小数的数字，应将小数点记在个位与十分位之间的下方。例如：

千位	百位	十位	个位	角位	分位
5,	0	6	5.	8	4

3.4.2 日期书写有讲究

日期分为小写日期与大写日期，一般由年、月、日三个部分组成，这三个部分有着不同的书写要求。

1. 小写日期的书写要求

（1）年

年一般以公历年份为准，阿拉伯数字与中文的“年”字应完整书写，例如：2020 年不应写为“20 年”。

（2）月

1 ～ 9 月应在前面加“0”，例如，7 月应该写成“07 月”；10 ～ 12 月按照正常数字书写，例如，11 月应该写成“11 月”。

（3）日

与月一样，1 ~ 9 日应在前面加“0”，例如，8 日应该写成“08 日”；10 ~ 31 日按照正常数字书写，例如，17 日应该写成“17 日”。

2. 大写日期的书写要求

出纳小课堂

《支付结算办法》附件一第七项规定：“票据的出票日期必须使用中文大写。为防止变造票据的出票日期，在填写月、日时，月为壹、贰和壹拾的，日为壹至玖和壹拾、贰拾和叁拾的，应在其前加‘零’；日为拾壹至拾玖的，应在其前加‘壹’。如 1 月 15 日，应写成：零壹月壹拾伍日。再如 10 月 20 日，应写成：零壹拾月零贰拾日。”

《支付结算办法》未明确规定的其他票据，可按票面提示书写（一般可以使用小写数字）。

与小写日期一样，大写日期的年、月、日的书写也有要求。

（1）年

一般以公历年份为准，大写数字与中文的“年”字应完整书写，例如，2020 年应写为“贰零贰零年”。

（2）月

1 月、2 月和 10 月这三个月份，通常会在前面加“零”字，如 1 月应写为“零壹月”，2 月应写为“零贰月”，10 月应写为“零壹拾月”。

3 ~ 9 月的月份数，出纳可直接根据数字的中文发音规律书写，如 4 月可以写为“肆月”。

11 月、12 月这两个月份，大写数字前应添加“壹”字，如“壹拾壹月”“壹拾贰月”。

（3）日

1 ~ 9 日和 10 日、20 日、30 日的日数，大写数字前应加写“零”字，如

6 日应写为“零陆日”，20 日应写为“零贰拾日”。

11 ~ 19 日，大写数字前应加写“壹”字，如 15 日应写为“壹拾伍日”。

21 ~ 29 日和 31 日，直接书写即可，如 25 日应写为“贰拾伍日”。

出纳小课堂

《支付结算办法》附件一第八项规定：

票据出票日期使用小写填写的，银行不予受理。大写日期未按要求规范填写的，银行可予受理，但由此造成损失的，由出票人自行承担。

总之，票据的填写比较考验出纳的细心与严谨，出纳在填写票据时，需要集中精力，不受其他因素的影响，一气呵成地完成票据的填制工作。这样既可以减少自己返工的概率，又可以不给其他人增加新的麻烦。

实操笔记

【材料分析题】出纳小王将转账支票存入银行后，却被银行以大写“贰”字书写不规范为由退票，此时小王应该怎么办？

答案：小王可以重新找企业开一张新的支票。如果是本企业的支票，小王按规范办理作废后，可以再开出一张新的支票。但如果是其他企业的支票，就需要对方的配合，这其中也许还会涉及双方企业的业务经办人的配合。

3.5 管理印章：谨慎才是硬道理

一枚小小的印章，却有着大大的分量。虽然在很多人眼中，印章的使用方法非常简单，甚至毫无技术含量，但很多人使用印章时，都曾因为印章的使用不规范而导致工作失误。可见，只有真正会使用和管理印章的出纳，才算是一名好的出纳。

3.5.1 印章的分类

从整体层面来看，企业的印章主要分为三大类，如图 3-12 所示。

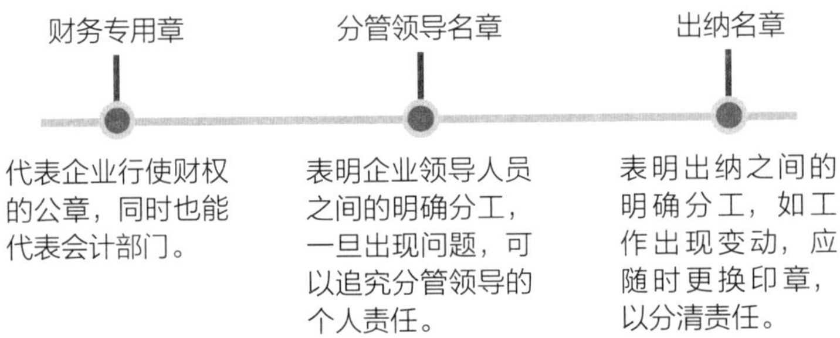

图 3-12 企业印章的三大类

一般情况下，出纳只需要保管自己的名章，复核人员保管其他两类印章，这样既能各司其职，又能实现互相监督。

从具体层面来看，出纳要用到的印章更多，如表 3-2 所示。

表 3-2 常用印章的具体分类

常用印章	用途
公章	用于企业的书面文件，比如公函、介绍信、证明、协议、决定等
合同章	专用于企业的书面经济合同，比如采购合同、购销合同等

续表

常用印章	用途
财务章	专用于企业涉及财务事项的文件、凭证，比如银行备案的印鉴、开出的收据等
法定代表人个人名章	专用于作为法定代表人在财务事项上的凭证
银行备案个人名章	专用于银行开户备案的印鉴，通常情况下，以法定代表人的个人名章作为银行备案的个人名章
发票专用章	专用于所开具的发票，代表企业对发票及其内容予以确认
国税代码章	专用于国税往来涉及事项，比如税收缴款书、发票领购簿
现金收讫章	专用于作为收到现金的凭证
现金付讫章	专用于作为付出现金的凭证
银行收讫章	专用于将收到的转账支票交存银行后，在收款凭证上盖章
银行付讫章	专用于将开出转账支票交给收款方后，在付款凭证上盖章
过次页章	专用于盖在账本翻页前的左下角
承前页章	专用于盖在账本翻页后的左上角

企业没有上表所述的印章，而出纳在工作中需要用到这类印章时，若情况不紧急，可以向企业申请办理相关印章；若情况紧急，可以手写注明印章。

出纳小课堂

《中华人民共和国刑法》第二百八十条规定：

伪造、变造、买卖或者盗窃、抢夺、毁灭国家机关的公文、证件、印章的，处三年以下有期徒刑、拘役、管制或者剥夺政治权利，并处罚金；情节严重的，处三年以上十年以下有期徒刑，并处罚金。

伪造公司、企业、事业单位、人民团体的印章的，处三年以下有期徒刑、拘役、管制或者剥夺政治权利，并处罚金。

新公司刻章需持以下资料到属地公安机关办理：

◣《营业执照》副本原件及复印件一份；

◣法人代表和经办人身份证原件及复印件一份；

◣法人代表授权刻章委托书。

申请刻制印章的流程：

申请人向公安机关递交申请→经公安机关审核符合要求的，现场发给申请人印章审批回执→申请人持印章审批回执到辖区内任意一家具有特种行业许可证的刻章企业刻制印章，印章在备案以后方能使用。

3.5.2 印章的使用

印章如同企业的身份证，是企业身份的证明，是企业在经营管理中行使职权的重要工具。因此，正确规范地使用印章，是一名出纳必须学会的基本功。

1. 使用印章的两大误区

关于使用印章，很多人还存在错误的认知，归纳起来，主要有以下两大误区。

（1）“使用印章这么简单，谁不会”

一部分人认为，使用印章是一件小孩都可以办到的事情。其实，若我们对使用印章没有任何要求，随意使用印章，那么这件事的确看起来很简单，但经历却告诉我们：使用印章并不是一件容易事。

（2）“只要有个红印子就可以了”

出纳新手小李有一个疑惑：每次他想盖章时，不是印迹不清、文字不全，就是印迹洇渗、严重变形，这是怎么回事？

为了解决这个问题，小李请教老庞，老庞说这是因为小李没有掌握使用印章的技巧，缺乏练习所造成的。并且还强调，出纳盖出来的印迹是给别人看的，因此，任何不清楚或者不完整的印迹，都有可能被对方拒绝接受。

2. 正确使用印章的方法

那么，正确使用印章的方法是怎样的呢？主要分为以下 4 个方面。

（1）使用印章的准备

在正式使用印章之前，出纳需要准备用印的印章、印垫、印台或印泥及对应颜色的印油。

（2）使用印章的位置

一般情况下，支票、发票、收据、银行往来单据等都有用印位置的提示，出纳在正式使用印章前，需仔细找准纸面上的用印位置。

（3）使用印章的流程

先将印章在印台或者印泥上均匀蘸色，再在与票据纸质接近的纸面上试盖印章，试盖效果确认后可再次蘸色，最后正式在文件上加盖印章。

（4）使用印章的技巧

出纳在使用印章时，需要使印章的印面与纸面保持平行的状态。当印面与纸面接触时，持章人需要轻放印章，防止发生错位移动。待印章在纸面上放稳后，持章人需要用一只手固定住印章，另一只手在印章顶部施力。盖下印章后，将印章向上提起，离开纸面。

出纳在使用印章的过程中需要注意：在接触刚用印完毕的纸面时，要用手压住纸面，避免蹭污；纸面用印完毕后，不要在上面覆盖任何物品；印章离开纸面时，要防止印迹重影的出现；环境空气湿度较大时，出纳需要增加试盖次数，避免印迹洇渗。

关于印章的使用，出纳还应遵循相关规定。以出纳小李为例，小李若因工作需要，携带印章、印鉴外出使用，必须向企业负责人办理报批和登记手续，获得批准后才可携带，并且用完后要及时归还到位；小李若需要在空白凭证上加盖印章，必须在空白凭证上注明“仅供（某具体事项）使用”等限制性字样，并报负责人批准，事后，当事人须交回该凭证的原件或复印件；小李不得私自使用印章，不得让他人代管、代盖印章。

小李在签发支票付款时，需要按照支票管理制度的规定填写好票据，并盖上自己的名章，交由复核人员审核，如无不妥，则加盖其他印鉴正式签发；若小李非法使用印章，那么企业可视情节轻重给予小李记过、记大过、劝退或开除的处分，并保留追究其法律责任的权利。

3.5.3 印鉴、印章的保管

印鉴、印章的保管要求如下所示：

职责分离

按照相关规定，支票印章一般应由会计主管人员或指定专人保管，支票和印章必须由两个人分别保管。各种财务专用章的保管与现金的保管要求相同，负责保管的人员不得将印章随意存放或带出企业。严禁将支票印章及企业主管人的名章一并交由出纳保管和使用。

预留印鉴的更换

如果需要更换预留印鉴，出纳应填写“印鉴更换申请书”，同时出具证明情况的公函，一并交给开户银行，经银行同意后，在银行发给的新印鉴卡的背面加盖原预留银行印鉴，在正面加盖新启用的印鉴。

预留印鉴的遗失

出纳遗失企业印鉴后，应由企业财务主管出具证明，并经开户银行同意后，及时办理更换印鉴的手续。

印鉴、印章的销毁

由于企业变动、更名或其他原因停止使用印鉴、印章，或其破损无法使用时，应由保管人员报企业领导批准，对其进行封存或销毁，并由行政部办理新章刻制事宜。

总之，对于出纳而言，管好企业的印鉴、印章，就是管好了企业的权力。因此，出纳管理印鉴、印章时一定要谨慎，不然就要承担相应的法律责任。

实操笔记

【单选题】以下哪项不属于使用印章的流程?

A. 将印章在印台或者印泥上均匀蘸色

B. 在与票据纸质接近的纸面上试盖印章

C. 正式在文件上加盖印章

D. 在章印上签字

答案：D

3.6 编制出纳报告单和银行存款余额调节表：好出纳的必备技能

出纳小凯在工作过程中，需要根据现金日记账、银行存款日记账、有价证券明细账、银行对账单等核算材料来编制出纳报告单和银行存款余额调节表，以此来向上级充分反映本企业一定时期内的货币资金和有价证券收、支、存的情况，并检查企业账目与银行账目的差错。可见，编制出纳报告单和银行存款余额调节表是好出纳的必备技能之一。

3.6.1 出纳报告单的编制

从出纳的角度来说，出纳报告单是其工作最终成果的直观展示；从企业管理者的角度来说，出纳报告单是其经营决策的重要依据。那么，对于出纳新手而言，出纳报告单应如何编制呢？首先，我们一起来看看出纳报告单的基本格式，如表 3-3 所示。

表 3-3 出纳报告单的基本格式

出 纳 报 告 单

企业名称： 年 月 日至 年 月 日 编号：

项目	库存现金	银行存款	有价证券	备注
上期结存数				
本期收入				
合计				
本期支出				
本期结存				

主管： 记账： 出纳： 复核： 制单：

出纳报告单的编制要求主要分为以下 6 个方面。

（1）出纳报告单的报告期需要与企业总账会计汇总记账的周期相一致，如果企业总账 10 天汇总一次，则出纳报告单 10 天编制一次；

（2）上期结存数指的是报告期前一期期末结存数，即本期报告期前一天的账面结存金额，也是上一期出纳报告单的本期结存数字；

（3）本期收入按账面本期合计借方数字填列；

（4）合计是上期结存与本期收入的合计数字；

（5）本期支出按账面本期合计贷方数字填列；

（6）本期结存是指本期期末账面结存数字，它等于合计数字减去本期支出数字，本期结存一定与账面实际结存数相一致。

3.6.2 银行存款余额调节表的编制

银行存款余额调节表是出纳对账的一种工具，不能将其与原始凭证混为一谈。

出纳小课堂

银行存款余额调节表的四大编制步骤：

◣按银行存款日记账登记的先后顺序逐笔与银行对账单核对，对双方都已登记的事项打“√”；

◣对银行存款日记账和银行对账单中未打“√”项目进行检查，确认是属于记账错误，还是属于未达账项；

◣对查出的企业记账错误按照一定的错账更正方法进行更正，并登记入账，调整银行存款日记账账面余额；对银行记账错误通知银行更正，并调整银行对账单余额；

◣编制银行存款余额调节表，将属于未达账项的事项计入调节表，计算调节后的余额。

银行存款余额调节表的核对依据分为以下三个等式。

（1）企业账面存款余额＝企业账面银行存款余额－银行已付而企业未付账项＋银行已收而企业未收账项

（2）银行对账单调节后的存款余额＝银行对账单存款余额－企业已付而银行未付账项＋企业已收而银行未收账项

（3）银行对账单存款余额＋企业已收而银行未收账项－企业已付而银行未付账项＝企业账面银行存款余额＋银行已收而企业未收账项－银行已付而企业未付账项

经过核对调节后，若银行存款余额调节表显示双方余额相等，那么说明双方的账目是没有问题的。若发现不相等的情况，可能是未达账项没有全部查出，或者记账出现了问题。在这种情况下，出纳需要进一步采用对账方法来查明原因，并加以更正。

调节相等后的银行存款余额是当日可以动用的银行存款实有数，而银行已经划账、企业尚未入账的未达账项，还需待银行结算凭证到达后，才能据以入账，不能以银行存款余额调节表作为记账依据。例如：

C企业2020年4月5日进行银行对账，4月1日至4月5日企业银行存款日记账账面记录与银行出具的4月5日对账单资料及对账后勾对的情况如表3-4和表3-5所示。

表3-4 企业对账单

日期	凭证号	摘要	借方	贷方	方向	余额	标记
2020-4-1		期初余额			借	100,000.00	
2020-4-1	银付 -001	付料款		30,000.00	借	70,000.00	√
2020-4-1	银付 -002	付料款		20,000.00	借	50,000.00	√
2020-4-1	银付 -001	收销货款	10,000.00		借	60,000.00	√
2020-4-2	银付 -002	收销货款	20,000.00		借	80,000.00	√
2020-4-2	银付 -003	交税金		80,000.00	借	0.00	√
2020-4-3	银付 -003	收销货款	60,000.00		借	60,000.00	
2020-4-3	银付 -004	取备用金		20,000.00	借	40,000.00	
2020-4-5		期末余额			借	40,000.00	

表3-5 银行对账单

日期	摘要	账单号	借方	贷方	方向	余额	标记
2020-4-1	期初余额				贷	100,000.00	
2020-4-1	转支	0000501	30,000.00		贷	70,000.00	√
2020-4-1	转支	0000602	20,000.00		贷	50,000.00	√
2020-4-1	收入存款	0000103		10,000.00	贷	60,000.00	√
2020-4-2	收入存款	0000544		20,000.00	贷	80,000.00	√
2020-4-2	转支	0000185	80,000.00		贷	0.00	√
2020-4-3	收入存款	0000066		80,000.00	贷	80,000.00	
2020-4-3	付出	0000207	70,000.00		贷	10,000.00	
2020-4-5	期末余额					10,000.00	

根据以上两个对账单，该企业的银行存款余额调节表的样式如表3-6所示。

表 3-6 C 企业银行存款余额调节表的样式

银行存款余额调节表

开户行及账号 C 企业 ×××× ×××× ×××× ×××× 金额单位：元

项目	金额	项目	金额
企业银行存款日记账余额	40000.00	银行对账单余额	10000.00
加：银行已收而企业未收款项	80000.00	加：企业已收而银行未收款项	60000.00
减：银行已付而企业未付款项	70000.00	减：企业已付而银行未付款项	20000.00
调节后的存款余额	50000.00	调节后的存款余额	50000.00
主管：	会计：	出纳：	

需要注意的是，该企业在与银行对账的过程中，如遇到不对等的情况，无论什么原因，都要进一步查清原因并更正，直至调节表中的双方余额相等。

出纳报告单、银行存款余额调节表这两大书面材料的编制，是出纳的必备基本功。需要注意的是，无论是出纳报告单还是银行存款余额调节表，出纳在编制的过程中，都需要秉持细心谨慎的原则，准确如实地展现所有的数据，这样才算真正掌握了这两大必备技能。

实操笔记

【写一写】出纳报告单的编制要求主要有哪几个方面？请你默写下来。

第二部分

会做账、懂报税：七大业务模块全流程搞定

出纳基础

第 4 章

凭证业务实操指南

会计凭证是财务工作的重要依据，是财务人员记录经济业务、明确经济责任、按一定格式编制的据以登记账簿的书面证明。作为出纳，需要了解其分类，掌握其填制方法、审核方法及装订与保管方法，增强处理凭证业务的能力。

4.1 会计凭证是用来做什么的

一位正在办理退休手续的老职工王某发现其档案里缺少两年的工资单（两年不被认定为有效工龄），于是他向企业的财务人员请求帮助。为了帮助王某解决这个问题，相关财务人员仔细查找了那两年的会计凭证，最终找到了信汇工资的会计凭证，王某也顺利地办理了退休手续。

可见，在关键时刻，一张小小的会计凭证，能够发挥巨大的作用。那么究竟什么是会计凭证？会计凭证又具有哪些作用和意义？希望学完本节内容，你能够找到答案。

4.1.1 会计凭证的概念

会计凭证是指记录经济业务发生或者完成情况的书面证明，是财务人员登记账簿的依据，它保证了经济业务记录的合法性、合理性及会计记录的真实性，巩固了经济责任制。

出纳小课堂

《会计法》第四十四条规定

隐匿或者故意销毁依法应当保存的会计凭证、会计账簿、财务会计报告，构成犯罪的，依法追究刑事责任。

有前款行为，尚不构成犯罪的，由县级以上人民政府财政部门予以通报，可以对单位并处五千元以上十万元以下的罚款；对其直接负责的主管人员和其他直接责任人员，可以处三千元以上五万元以下的罚款；属于国家工作人员的，还应当由其所在单位或者有关单位依法给予撤职直至开除的行政处分；其中的会计人员，五年内不得从事会计工作。

对于出纳而言，会计凭证是其日常做账时的依据，会计凭证真实地反映着企业的债务、经营、利润等方面的问题，因此，保管会计凭证是出纳的职责。

在实际工作中，会计凭证难免要经历传递、交接的过程，因此，各企业负责人在传递会计凭证时，需要合理地组织会计凭证的传递。即企业负责人在定传递路线的时候，需要根据经济业务的特点，结合内部机构和人员分工情况及经营管理和会计核算的需要，规定会计凭证的传递程序，并据此规定会计凭证的份数，使业务经办部门和人员能够及时地办理各种凭证手续，这样既符合内部牵制原则，又能加速业务处理过程，提高工作效率。

在确定传递时间时，企业负责人要根据有关部门和人员办理经济业务的情况，恰当地规定会计凭证在各环节的停留时间和交接时间。

从出纳的角度出发，出纳接受会计凭证后，需要及时处理和登记经济业务，不得积压，这样才能推动财务各部门的业务顺利进行。

4.1.2 会计凭证的作用和意义

会计凭证的填制与审核是会计核算工作的起点，因此，会计凭证对于保证会计核算的质量、有效地进行会计监督、提供真实可靠的会计信息等方面具有十分重要的意义，其作用与意义主要分为以下 3 个方面。

1. 记录经济业务，提供记账依据

例如，A 企业进行了一次团建活动，负责这次团建活动的人员采购了活动物资，活动结束后，相关人员拿着发票明细找出纳小张报销，小张根据发票明细上的内容填制会计凭证，作为本次团建活动的记账依据。

2. 监督经济业务，控制经济运行

为了监督各财务部门的经济业务，A 企业会不定时抽查出纳的会计凭证，以明确了解企业财务的收支情况，并对一些出纳需要严格把控的账目提出建议，从而控制整个企业的经济运行。

3. 明确经济责任，强化内部控制

每张会计凭证上都必须有相关负责人的签名或盖章，这是为了更好地明确经济责任，让每项经济业务都能责任到人，从而强化企业的内部控制。

实操笔记

【单选题】下列关于会计凭证作用的表述中，不正确的是（ ）。

A. 记录经济业务，提供记账依据

B. 明确经济责任，强化内部控制

C. 合理地取得、正确地填制和审核会计凭证，是会计核算的基本方法之一

答案：C

4.2 会计凭证的分类

在学习会计凭证相关知识的过程中，出纳小吴发现，根据会计凭证的编制程序与用途的不同，会计凭证又分为原始凭证与记账凭证，这两类凭证的含义与性质存在差异。

4.2.1 原始凭证

原始凭证是大家常说的单据，它是经济业务最初发生时即行填制的原始书面证明，比如销货发票、款项收据等。原始凭证是在经济业务发生过程中直接产生的，是具有法律效应的证明凭证。

出纳小吴发现如果根据原始凭证的来源进行分类，可以将其分为自制原始凭证和外来原始凭证，自制原始凭证又可以分为一次凭证、累计凭证、汇总原始凭证和记账编制凭证。

1. 自制原始凭证

自制原始凭证是指在经济业务发生、执行或完成时，由本企业的经办人员自行填制的仅供内部使用的原始凭证，即产品入库单、领料单、收料单等，其

分类如表 4-1 所示。

表 4-1 自制原始凭证分类表

名称	一次凭证	累计凭证	汇总原始凭证	记账编制凭证
含义	只反映一项经济业务，或者同时反映若干项同类性质的经济业务的会计凭证，其填制手续是一次完成的	在一定时期内，连续多次记载若干重复发生的同类经济业务，直到期末，凭证填制手续才算完成，以期末累计数作为记账依据的会计凭证	在会计核算工作中，为简化记账凭证的编制工作，将一定时期内若干份记录同类经济业务的原始凭证按照一定的管理要求汇总编制成一张汇总凭证，用以集中反映某项经济业务总括发生情况的会计凭证	根据账簿记录和经济业务的需要编制的一种自制原始凭证。记账编制凭证是根据账簿记录，把某一项经济业务加以归类、整理而重新编制的一种会计凭证
举例	如报销人员填制的、出纳据以付款的报销凭单；企业购进材料验收入库，由仓库保管员填制的收料单；车间或班组向仓库领用材料时填制的领料单等	如工业企业常用的限额领料单等	如发料凭证汇总表、收料凭证汇总表、现金收入汇总表等	如在计算产品成本时，编制的制造费用分配表等
优缺点	**优点：**使用方便灵活 **缺点：**凭证数量较多	**优点：**可以简化核算手续；能对材料消耗、成本管理起事先控制作用，是企业进行计划管理的手段之一 **缺点：**它的使用不如一次凭证方便灵活	**优点：**它可以简化核算手续，提高核算工作效率；能够使核算资料更为系统化，使核算过程更为条理化；能够直接为管理提供某些综合指标 **缺点：**只能将同类内容的经济业务汇总填列在一张汇总凭证中。在一张汇总凭证中，不能将两类或两类以上的经济业务汇总填列	**优点：**使用方便灵活 **缺点：**只针对某一项经济业务

2. 外来原始凭证

外来原始凭证指的是本企业在同其他企业发生经济往来关系时，从其他企业那里取得的凭证，属于一次凭证。例如，A 企业从供货企业那里取得的发货票，就是外来原始凭证。

4.2.2 记账凭证

记账凭证就是大家常说的记账凭单，它是以审核无误的原始凭证为依据，按照经济业务的事项加以归类，并据以确定会计分录后所填制的会计凭证。记账凭证是出纳登记账簿的直接依据。

从适用的经济业务来看，记账凭证主要分为专用记账凭证和通用记账凭证。

1. 专用记账凭证

专用记账凭证的分类如表 4–2 所示。

表 4–2 专用记账凭证分类表

名称	收款凭证	付款凭证	转账凭证
含义	用来记录现金和银行存款等货币资金收款业务的凭证，它是根据现金和银行存款收款业务的原始凭证填制的	用来记录现金和银行存款等货币资金付款业务的凭证，它是根据现金和银行存款付款业务的原始凭证填制的	用来记录与现金、银行存款等货币资金收付款业务无关的转账业务（即在经济业务发生时不需要收付现金和银行存款的各项业务）的凭证，它是根据有关转账业务的原始凭证填制的
作用与使用要求	**作用：**收款凭证和付款凭证是用来记录货币收付业务的凭证，既是登记现金日记账、银行存款日记账、明细分类账及总分类账等账簿的依据，也是出纳收、付款项的依据 **使用要求：**出纳不能依据现金、银行存款收付业务的原始凭证收付款项，必须根据会计主管人员或指定人员审核批准的收款凭证和付款凭证收付款项，以加强对货币资金的管理，有效地监督货币资金的使用		**作用：**转账凭证是登记总分类账及有关明细分类账的依据 **使用要求：**不记录涉及现金和银行存款的业务

2. 通用记账凭证

与专用记账凭证不同，通用记账凭证不需要再分为收款凭证、付款凭证和转账凭证，它只以一种格式来记录全部的经济业务，通用记账凭证的样式如图 4-1 所示。

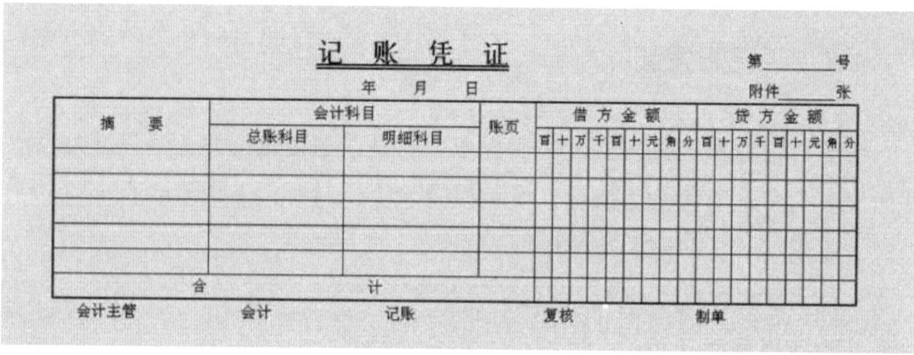

记 账 凭 证

第____号

年 月 日

附件____张

摘要	会计科目		账页	借方金额									贷方金额								
	总账科目	明细科目		百	十	万	千	百	十	元	角	分	百	十	万	千	百	十	元	角	分
合计																					

会计主管 会计 记账 复核 制单

图 4-1 通用记账凭证的样式

可见，经济业务比较简单的企业，其出纳可以使用通用记账凭证来记录企业所发生的各种经济业务，从而简化凭证、提升工作效率。

从记账凭证包含的会计科目来看，记账凭证又分为复式记账凭证和单式记账凭证。

1. 复式记账凭证

如果出纳小吴将某项经济业务所涉及的全部会计科目集中到一张记账凭证上填写，那么这张凭证就叫作复式记账凭证。小吴的这张凭证，可以集中反映账户的对应关系，便于小吴观察该项经济业务的全貌和资金的来龙去脉，同时还便于小吴查账，减少小吴填制记账凭证时的工作量，但这种凭证不便于小吴汇总计算每一会计科目的发生额及分工记账。

2. 单式记账凭证

如果出纳小吴将某项经济业务所涉及的每个会计科目分别填制在记账凭证上，那么这些填制完的记账凭证就是单式记账凭证。换言之，单式记账凭证就是把某一项经济业务的会计分录，按其会计科目，分散填制在两张或两张以上的记账凭证上。这种单式记账凭证便于小吴汇总计算每一个会计科目的发生额及分工记账，但因填制记账凭证的工作量变大，小吴不容易查找出其中的错误。

从记账凭证的汇总情况来看，记账凭证可以分为汇总记账凭证和非汇总记账凭证。

1. 汇总记账凭证

汇总记账凭证的分类如表 4-3 所示。

表 4-3 汇总记账凭证分类表

名称	分类汇总凭证	全部汇总凭证
含义	根据一定时期内的记账凭证，按其种类分别汇总填制的凭证	根据一定时期内的记账凭证，全部汇总填制的凭证
举例	如根据收款凭证汇总填制的现金汇总收款凭证、银行汇总付款凭证、现金存款汇总付款凭证；根据转账凭证汇总填制的汇总转账凭证	如科目汇总图表

2. 非汇总记账凭证

与汇总记账凭证相反，非汇总记账凭证是指没有经过汇总的记账凭证，如上文中提到的收款凭证、付款凭证、转账凭证及通用记账凭证。

出纳小课堂

原始凭证和记账凭证同属于会计凭证，但二者存在着以下差别：

（1）原始凭证的内容依据为已发生或完成的经济业务；记账凭证的内容依据为审核后的原始凭证。

（2）原始凭证由经办人员填制；记账凭证一律由会计人员填制。

（3）原始凭证是填制记账凭证的依据；记账凭证是登记账簿的依据。

（4）原始凭证仅用以记录、证明经济业务已经发生或完成；记账凭证还须依据会计科目对已经发生或完成的经济业务进行归类、整理。

虽然原始凭证与记账凭证之间存在差别，但是两者之间仍然存在着密切的联系，如图 4-2 所示。

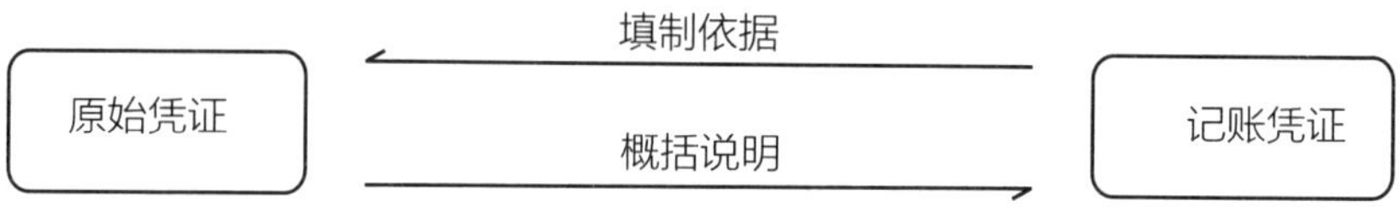

图 4-2　原始凭证与记账凭证的联系

在实际工作中，原始凭证通常会附在记账凭证的后面，成为记账凭证的附件。

实操笔记

【单选题】

1.（　）是用来记录货币资金付款业务的凭证，它是由出纳根据审核无误的原始凭证填制的。

A. 收款凭证　　B. 付款凭证　　C. 转账凭证　　D. 累计凭证

2. 下列不属于自制原始凭证的是（　）。

A. 领料单　　B. 成本计算单　　C. 入库单　　D. 火车票

3. 根据连续反映某一时期内不断重复发生而分次进行的特定业务编制的原始凭证有（　）。

A. 一次凭证　　B. 累计凭证　　C. 记账凭证　　D. 汇总原始凭证

答案：BDB

4.3 原始凭证的填制与审核

在上文中，我们介绍了会计凭证的两大类别——原始凭证与记账凭证，这两大类别凭证的填制和审核要求各有不同，我们先来学习原始凭证的填制与审核方法。

4.3.1 原始凭证的填制

原始凭证作为经济业务已经发生或完成的原始证据，其内容必须完整反映出经济业务发生或完成的情况。因此，出纳在填制原始凭证时，首先需要明确原始凭证填制的7个要素。

1. 凭证名称

出纳在填制原始凭证时，须填写业务内容的种类，如入库单、发货票等名称，以此反映出原始凭证的用途。

2. 凭证日期

若出纳在企业的经济业务发生或完成时，因某些原因未能及时填制原始凭证，那么出纳应该以实际填制日期为准；若销售产品时未能及时开出发货票，出纳补开发货票的日期应以实际填制日期为准。

3. 填制单位或填制人姓名

出纳填制原始凭证时需要填上单位名称或自己的姓名。

4. 接收原始凭证的单位名称

出纳在填制原始凭证时，不能省略接收原始凭证的单位名称，以便于日后查询。

5. 经办人员的签名与盖章

为了更好地明确责任，经办人需要在原始凭证上签名盖章。

6. 交易或事项的内容

出纳需要在原始凭证中表明经济业务的项目、名称及有关辅助说明，如项目的数量、单价、金额、规格等内容。

7. 凭证的附件

出纳需要在有附件的原始凭证上注明附件的编号与件数。

4.3.2 原始凭证填制的基本要求

出纳在填制原始凭证时，需要遵循以下8条基本要求。

1. 记录要真实

出纳所填列的经济业务内容和数字，必须真实可靠，符合实际情况。

2. 内容要完整

出纳所填列的项目必须逐项填列齐全，其中包括年、月、日、企业全称、品名或用途及有关人员的签章等。

3. 手续要完备

出纳取得的原始凭证必须符合手续完备的要求，以确保凭证的合法性和真实性。

出纳小课堂

企业自制的原始凭证必须有经办领导或者其他指定的人员签名盖章。

对外开放的原始凭证必须加盖本企业的公章。

从外部取得的原始凭证，必须加盖填制企业的公章。

从个人处取得的原始凭证，必须有填制人员的签名盖章。

4. 书写要清楚、规范

出纳需要按照规定填写原始凭证，做到文字简要、字迹清楚、易于辨认。同时，原始凭证的大小写金额的填写也有要求，具体参考 3.4 节的内容。

5. 编号要连续

出纳填写的编号应是连续的，若出纳的凭证已预先印定编号，遇到写坏作废的情况时，需要加盖“作废”戳记，并将其妥善保管，不得撕毁。

6. 不得涂改、刮擦、挖补

若出纳的原始凭证内容存在错误，需要重开或更正，凭证的更正处应出具企业的印章，若是金额有误，不得更正。

7. 填制要及时

出纳须及时填写原始凭证，并且按照规定的程序将其及时送交会计机构、会计人员审核。

8. 统一格式

一般情况下，诸如增值税专用发票之类的原始凭证由税务机关统一印制和监制，一般发票由财政部门统一印制和监制。

不同的原始凭证，其填制要求也有所不同，如表 4-4 所示。

表 4-4　不同原始凭证的填制要求

<table>
<tr><th>要求名称</th><th>自制原始凭证</th><th>外来原始凭证</th></tr>
<tr><td rowspan="4">填制要求</td><td>一次凭证：一次凭证应在经济业务发生或完成时，由相关业务人员一次填制完成。该凭证往往只能反映一项经济业务，或者同时反映若干项同一性质的经济业务</td><td rowspan="4">外来原始凭证应在企业同其他企业发生经济业务时，由其他企业的相关人员填制完成。外来原始凭证一般由税务局等部门统一印制，或经税务部门批准由经营企业印制，在填制时加盖出具凭证企业公章方为有效。对于一式多联的外来原始凭证必须用复写纸套写或打印机套打</td></tr>
<tr><td>累计凭证：累计凭证应在每次经济业务完成后，由相关人员在同一张凭证上重复填制完成。该凭证能在一定时期内不断重复地反映同类经济业务的完成情况</td></tr>
<tr><td>汇总原始凭证：汇总凭证应由相关人员在汇总一定时期内反映同类经济业务的原始凭证后填制完成。该凭证只能将类型相同的经济业务进行汇总，不能汇总两类或两类以上的经济业务</td></tr>
<tr><td>记账编制凭证：以制造费用分配表的填制为例来介绍记账编制凭证的填制要求。制造费用分配表就是根据费用明细账记录的数字按费用的用途填制的</td></tr>
</table>

4.3.3　原始凭证的审核

为了如实地反映出经济业务的完成情况，以及保证财务信息的真实性、可靠性和正确性，出纳须将填制的原始凭证交由会计机构和会计人员审核，其审核的具体要求主要为以下 6 点内容。

1. 审核原始凭证的真实性

作为会计信息的基本信息源，若原始凭证的真实性存在问题，那么后面所有会计信息的质量都会受到影响。因此，会计人员会严格审核原始凭证的真实性，其审核的范围包括凭证日期是否真实、业务内容是否真实、数据是否真实等。外来原始凭证还须有企业公章和填制人员的签章，通用原始凭证还须被审核是否假冒。

2. 审核原始凭证的合法性

原始凭证里不得出现任何违反国家法律规定的内容，且凭证的传递和审核程序，也应符合法律的规定。

3. 审核原始凭证的合理性

原始凭证中所填制的经济业务必须按照企业生产经营活动的需要及有关的计划与预算来填制。

4. 审核原始凭证的完整性

原始凭证的填制不能存在漏项等情况，其各基本要素必须齐全，要确保日期完整、数字清晰、字迹工整、签章齐全、凭证联次正确等。

5. 审核原始凭证的正确性

原始凭证中的大小写金额的书写须符合书写规范，若出现书写错误的情况，出纳的更正方法会被审核是否正确。

6. 审核原始凭证的及时性

会计审核时会审查凭证的填制日期，尤其是支票、银行汇票、银行本票等时效性很强的原始凭证。

审核后的原始凭证应按照以下不同情况处理。

（1）完全符合要求的原始凭证：应及时据以编制记账凭证入账。

（2）真实、合法、合理但内容不够完整，填写有错误的原始凭证：应退回给有关经办人员，由其负责将有关凭证补充完整、更正错误或重开后，再办理正式会计手续。

（3）不真实、不合法的原始凭证：会计机构、会计人员有权不接受，并向企业负责人报告。

原始凭证是企业处理财务工作的重要依据，因此，在日常工作中，出纳应仔细地填制、审核原始凭证。

实操笔记

【单选题】

以下哪项不属于原始凭证的填制要素？（　）

A. 凭证名称　　B. 凭证的日期

C. 凭证单位或填制人姓名　　D. 指纹

【多选题】

1. 以下哪项属于原始凭证填制的基本要求？（　）

A. 记录要真实　　B. 内容要完整

C. 手续要完备　　D. 书写要清楚、规范

E. 编号要连续　　F. 不得涂改、刮擦、挖补

G. 填制要及时

2. 原始凭证的审核包括以下哪些内容？（　）

A. 审核原始凭证的真实性　　B. 审核原始凭证的合法性

C. 审核原始凭证的合理性　　D. 审核原始凭证的完整性

E. 审核原始凭证的正确性　　F. 审核原始凭证的及时性

答案：1.D　2.ABCDEFG　3.ABCDEF

4.4　记账凭证的填制与审核

A 企业将 2020 年 4 月 1 日销售 A 产品的一批价款存入银行，出纳肖肖根据两张原始凭证填制了相应的收款凭证，肖肖填制的这张收款凭证就是我们平时所说的记账凭证。接下来，让我们一起来看看肖肖是如何正确地填制这张记账凭证的，其审核及账务处理流程又是怎样的。

4.4.1 记账凭证的填制

肖肖在填制记账凭证时，遵循了以下基本原则。

（1）保证记账凭证中的各项内容必须完整。

（2）对记账凭证进行编号。由于肖肖填制了两张以上的记账凭证，因此她采用分数编号法[1]为记账凭证进行编号。

（3）保证书写规范。与填写原始凭证相同，肖肖须按照相关规定填写记账凭证。

（4）填写记账凭证时，要以原始凭证为依据。肖肖根据每一张原始凭证填制记账凭证。

出纳小课堂

记账凭证可以根据每一张原始凭证填制，或根据若干张同类原始凭证汇总编制，或根据原始凭证汇总表填制。

但出纳不得将不同内容和类别的原始凭证汇总填制在一张记账凭证上。

（5）在记账凭证的后面附上原始凭证（除结账和更正错误的记账凭证可以不附原始凭证外）。

（6）不得随意涂改原始凭证。肖肖记账凭证的填制出现了错误，于是肖肖须重新填制记账凭证。

[1] 在记账凭证的填制中，若一项财务工作涉及的会计科目较多，需填制多张会计凭证，可采用分数编号法，不能用连续编号法。一项财务工作需要编制多张记账凭证时，采用分数编号法，如“转字1½号”。

出纳小课堂

若在当年内发现已登记入账的记账凭证填写错误，出纳可以用红字填写一张与原内容相同的记账凭证，并在摘要栏注明“注销××××年××月××号凭证”字样，再用蓝字重新填制一张正确的记账凭证，注明“订正××××年××月××号凭证”字样。

若只是金额填写错误，出纳也可以为正确数字与错误数字之间的差额另编一张调整的记账凭证，注意调增金额用蓝字，调减金额用红字。

若在已登记入账的年度记账凭证中发现错误，出纳应用蓝字填制一张更正的记账凭证。

（7）要画线注销空行。肖肖填完经济业务事项后，如果记账凭证上仍有空行，肖肖应当自金额栏最后一笔金额数字下的空行处至合计数上的空行处画线注销。

不同的记账凭证，其填制要求也有所不同，如表4-5所示。

表4-5 收款凭证、付款凭证、转账凭证的填制要求

<table>
<tr><th colspan="2">收款凭证</th></tr>
<tr><td>填制格式</td><td>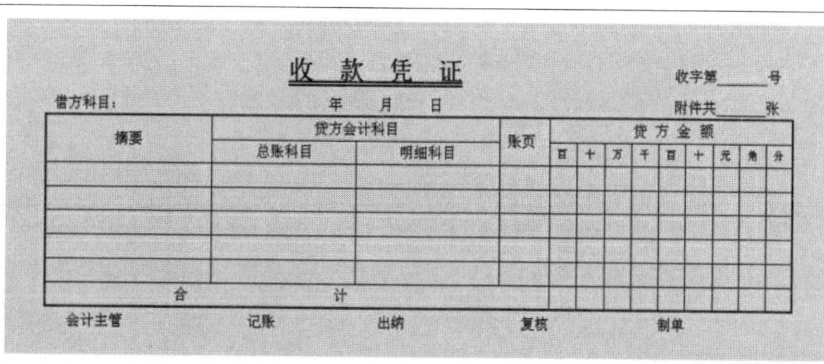
收款凭证　收字第____号
借方科目：　年　月　日　附件共____张
<table>
<tr><th rowspan="2">摘要</th><th colspan="2">贷方会计科目</th><th rowspan="2">账页</th><th colspan="9">贷方金额</th></tr>
<tr><th>总账科目</th><th>明细科目</th><th>百</th><th>十</th><th>万</th><th>千</th><th>百</th><th>十</th><th>元</th><th>角</th><th>分</th></tr>
<tr><td></td><td></td><td></td><td></td><td></td><td></td><td></td><td></td><td></td><td></td><td></td><td></td><td></td></tr>
<tr><td></td><td></td><td></td><td></td><td></td><td></td><td></td><td></td><td></td><td></td><td></td><td></td><td></td></tr>
<tr><td></td><td></td><td></td><td></td><td></td><td></td><td></td><td></td><td></td><td></td><td></td><td></td><td></td></tr>
<tr><td></td><td></td><td></td><td></td><td></td><td></td><td></td><td></td><td></td><td></td><td></td><td></td><td></td></tr>
<tr><td></td><td></td><td></td><td></td><td></td><td></td><td></td><td></td><td></td><td></td><td></td><td></td><td></td></tr>
<tr><td colspan="4">合计</td><td></td><td></td><td></td><td></td><td></td><td></td><td></td><td></td><td></td></tr>
</table>
会计主管　记账　出纳　复核　制单</td></tr>
</table>

续表

<table>
<tr><td>填制要求</td><td>借方科目：按收款的性质填写“现金”或“银行存款”
日期：填写编制本凭证的日期
右上角号码：填写编制收款凭证的顺序号
摘要：填写对所记录的经济业务的简要说明
贷方会计科目：填写与收入现金或银行存款相对应的会计科目
记账：该凭证已登记账簿的标记，防止经济业务事项重记或漏记
金额：填写经济业务事项的发生额
附件张数：填写本记账凭证所附的原始凭证的张数
签字盖章：表格最下边的内容分别由相关人员签字盖章，以明确经济责任</td></tr>
<tr><td colspan="2">付款凭证</td></tr>
<tr><td>填制格式</td><td>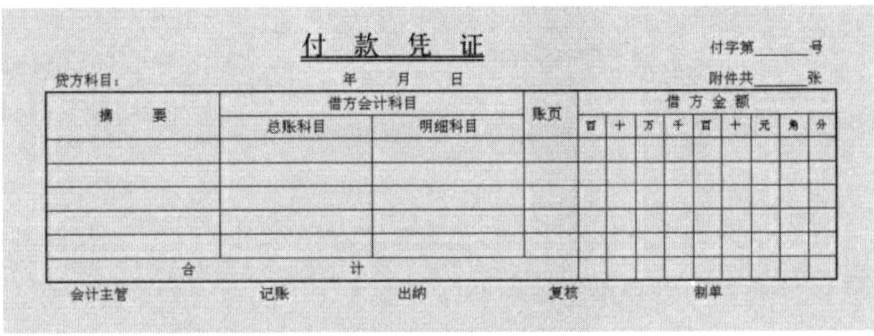
付 款 凭 证　付字第____号
贷方科目：　年　月　日　附件共____张
摘要 ｜ 借方会计科目（总账科目 ｜ 明细科目） ｜ 账页 ｜ 借方金额（百 ｜ 十 ｜ 万 ｜ 千 ｜ 百 ｜ 十 ｜ 元 ｜ 角 ｜ 分）
合　计
会计主管　记账　出纳　复核　制单</td></tr>
<tr><td>填制要求</td><td>填制方法与收款凭证基本相同，不同之处在于：
付款凭证的左上角应填写相应的贷方科目，即“现金”或“银行存款”科目，“借方会计科目”栏应填写与现金和银行存款相应的一级科目和明细科目。出纳对于已经收讫和已经付讫的收付款凭证及其所附的各种原始凭证，都要加盖“收讫”和“付讫”的戳记，避免重收重付</td></tr>
<tr><td colspan="2">转账凭证</td></tr>
<tr><td>填制格式</td><td>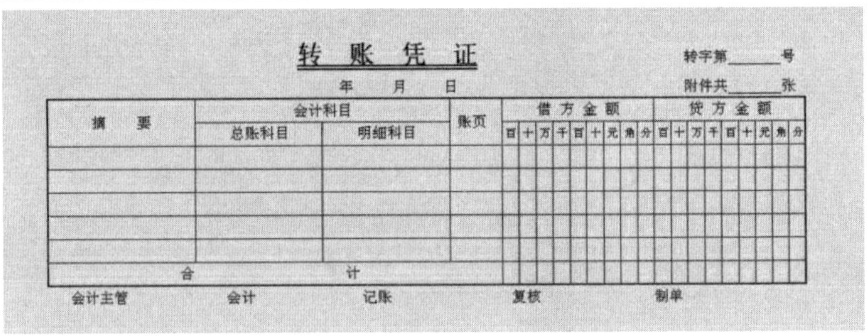
转 账 凭 证　转字第____号
年　月　日　附件共____张
摘要 ｜ 会计科目（总账科目 ｜ 明细科目） ｜ 账页 ｜ 借方金额（百 ｜ 十 ｜ 万 ｜ 千 ｜ 百 ｜ 十 ｜ 元 ｜ 角 ｜ 分） ｜ 贷方金额（百 ｜ 十 ｜ 万 ｜ 千 ｜ 百 ｜ 十 ｜ 元 ｜ 角 ｜ 分）
合　计
会计主管　会计　记账　复核　制单</td></tr>
<tr><td>填制要求</td><td>“总账科目”和“明细科目”填写应借、应贷的总账科目和明细科目
借方科目应记金额应在同一行的“借方金额”栏填列
贷方科目应记金额应在同一行的“贷方金额”栏填列
“借方金额”栏合计数与“贷方金额”栏合计数应相等</td></tr>
</table>

需要说明的是，不是所有的记账凭证都要附上原始凭证，如更正错账和期末结转等业务编制的记账凭证就可不附原始凭证。同时，一些既涉及转账业务，又涉及收款业务的综合性业务，需要分开制作不同类型的记账凭证，例如：

N公司销售一批水杯，售价2万元，出纳将收到的货款1万元存入银行，同时该批货物还有1万元的货款尚未收到（假设不算增值税）。

那么该公司的这笔业务需要制作两张凭证，第一张为收款凭证，其分录为：

借：银行存款　10000

　贷：主营业务收入　10000

第二张为转账凭证，其分录为：

借：应收款项　10000

　贷：主营业务收入　10000

4.4.2 记账凭证的审核

与原始凭证相同，出纳所填制的记账凭证须由会计审核，其审核的内容主要包括以下6个方面。

1. 内容是否真实

会计在审核记账凭证时，会检查其是否有原始凭证的依据，同时会检查所附的原始凭证的内容与记账凭证的内容是否一致、记账凭证汇总表的内容与记账凭证的内容是否一致。

2. 项目是否齐全

记账凭证中的日期、凭证编号、摘要、会计科目、金额、所附原始凭证张数及有关人员的签章等项目必须齐全。

3. 科目是否正确

记账凭证中的应借与应贷科目应填写正确，并且要有明确的账户对应关系。记账凭证中所使用的会计科目须符合国家统一的会计制度的规定。

4. 手续是否完备

会计需要审核出纳在办理收款或付款业务后，是否在原始凭证上加盖了“收讫”或“付讫”的戳记。

5. 金额是否正确

记账凭证中所记录的金额应与原始凭证中记录的有关金额相一致，其计算不能出现错误，并且记账凭证汇总表中的金额须与记账凭证的金额合计相等。

6. 书写是否正确

出纳填制的记账凭证须字迹工整且清晰，若有更正情况，会计会审核其是否按照规定进行了更正。

4.4.3 记账凭证账务处理流程

记账凭证账务处理流程如图 4-3 所示。

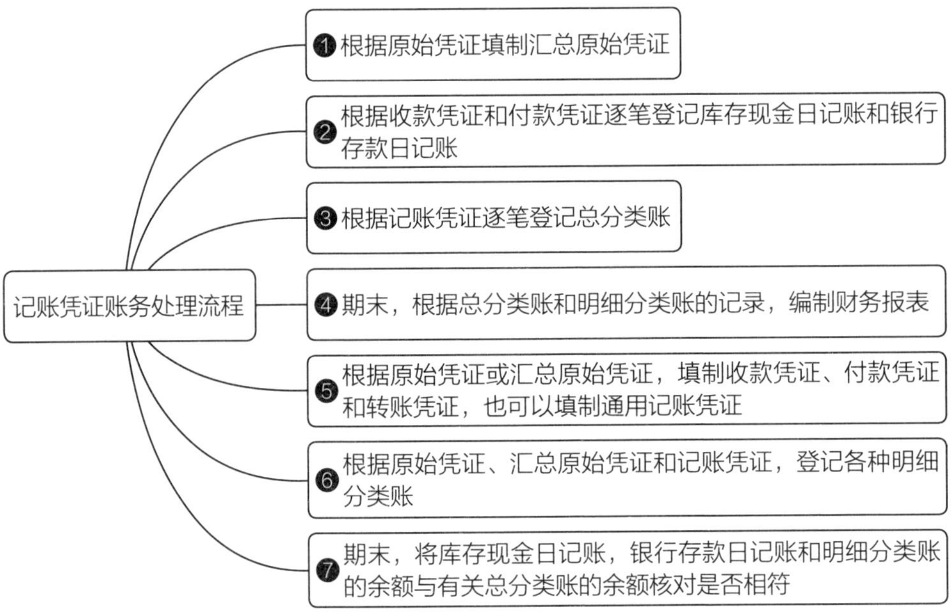

图 4-3 记账凭证账务处理流程

通常情况下，记账凭证账务处理流程只适用于规模较小、经济业务较少的企业。

实操笔记

【单选题】以下哪项不属于记账凭证填制的基本要求？（ ）

A. 内容要完整

B. 书写要清楚、规范

C. 编号要连续

D. 填制要及时

【多选题】记账凭证账务处理流程包括以下哪些环节？（ ）

A. 根据原始凭证填制汇总原始凭证

B. 根据原始凭证或汇总原始凭证，填制收款凭证、付款凭证和转账凭证，也可以填制通用记账凭证

C. 根据收款凭证和付款凭证逐笔登记库存现金日记账和银行存款日记账

D. 根据原始凭证、汇总原始凭证和记账凭证，登记各种明细分类账

E. 根据记账凭证逐笔登记总分类账

F. 期末，将库存现金日记账、银行存款日记账和明细分类账的余额与有关总分类账的余额核对是否相符

G. 期末，根据总分类账和明细分类账的记录，编制财务报表

答案：1.D 2.ABCDEFG

4.5 会计凭证的装订与保管

每月初，M 企业的会计做账完毕后，出纳小王需要协助会计将上月所有凭证配以封面、封底及包角纸，进行规范化的装订。

4.5.1 会计凭证装订前的准备

在正式装订前，出纳小王需要做好装订前的准备工作。

第一，为了确保凭证装订时的牢固，小王需要控制好凭证的厚度，一般情况下，厚度控制在 20mm 左右为宜。

第二，若遇到凭证较少的情况，小王可以一个月装订一本，若一个月内的凭证数量较多，小王可以将其分成若干册，并在凭证的封面上注明该月总计册数与本册数。

第三，若小王所在企业通常使用科目汇总表，那么小王可以将一张科目汇总表和所附的记账凭证、原始凭证装订成一册。凭证较少时，小王可以将几张科目汇总表和相关的记账凭证、原始凭证装订在一起。需要注意的是，小王所要装订的每册凭证都要编制一个序号，并且小王当月登记的凭证不得跨月装订。

同时，出纳小王还需要对所有的凭证进行整理，整理过程中若遇到以下 4 种情况可以这样处理。

1. 原始凭证纸张面积大于记账凭证

出纳小王可以先按记账凭证的面积尺寸，先自右向后，再自下向后地进行两次折叠，在折叠过程中，小王需要把凭证左上角或左侧面让出来，便于装订后的审阅。

2. 原始凭证纸张面积过小

在这种情况下，出纳小王不能直接装订凭证，需要先按一定顺序和类别排列原始凭证，再用胶水将其粘在一张同记账凭证大小相同的白纸上，分张排列小票，将同类、同金额的单据粘在一起，并在一旁注明张数和合计金额。若是板状票证，小王可以将票面票底轻轻撕开，将厚纸板丢弃。

3. 原始凭证纸张面积略小于记账凭证

小王可先用回形针或大头针将原始凭证别在记账凭证的后面，待后面装订时抽去回形针与大头针即可。

4. 原始凭证面积大、数量多

遇到这种情况，出纳小王可以单独装订原始凭证，但需要在记账凭证上注明保管地点。

需要注意的是，小王在整理原始凭证的顺序时，不要按照原始凭证面积大小来进行排序，要按照记账凭证所记载的内容来进行排序。

4.5.2 会计凭证装订四步法

做好会计凭证的装订准备后，出纳小王就可以开始装订凭证了，其装订的步骤主要分为四步：打孔、穿线、粘贴封皮和粘贴封角。

1. 打孔

打孔主要分为手工打孔和装订机打孔，前者是较为传统的方法，小王在操作时，需要使用钻孔锥，在凭证正面左上角的部位钻两个穿线孔，其孔距约为10mm。

若利用装订机打孔，小王需要去购买一台适合的装订机，并在熟悉其使用方法后进行装订。目前，市面上的装订机类型很多，其使用方法也不尽相同。

2. 穿线

小王需要使用长约100mm的装订线（一般是棉线），从正面打好的孔中穿过，并在背面结扎活扣，留10mm的尾线后，将多余的部分剪断，并将10mm的尾线塞入封皮的内侧。

3. 粘贴封皮

与书籍装订相同，凭证也要有封皮。凭证的封皮材质为牛皮纸，其装订时的尺寸应略大于凭证。小王需要将封面和封底分别装订在凭证的上下两面，左上角应与凭证对齐。

小王装订完封皮后，需要在封面上注明企业名称、年度、月份、起讫日期、凭证种类及自己的签名。

4. 粘贴封角

为了防止日后有人对凭证进行拆分和加页等非法行为，小王还需要用包角纸为凭证粘贴封角，包角纸的材质为牛皮纸，尺寸约12.5mm×12.5mm。

首先将包角纸放在凭证正面，在顶角处涂上胶水，然后将其往上翻折，再翻面，将胶水涂在另一边，涂好后将两边折起，最后将多余的纸剪掉。

4.5.3 会计凭证如何保管

在生活中，会计凭证就是记账的依据，当企业发生贪污、盗窃等违法乱纪的行为时，会计凭证还可以充当有效证据。可见，财务人员要妥善保管会计凭证，便于日后随时查阅。

假如 G 企业的出纳小孔需要保管会计凭证，那么他需要做到以下五个方面。

1. 定期装订成册，防止丢失

小孔应定期对各种会计凭证进行分类整理，按照装订要求规范地装订好会计凭证。若从其他企业取得的原始凭证存在遗失的情况，小孔应先取得原签发企业盖有公章的证明，并注明原始凭证的号码、金额、内容等，得到经办企业会计机构负责人、会计主管人员和企业负责人批准后，才能将其代作原始凭证。若遇到确实无法出具证明的情况，小孔可以让当事人写明详细情况，得到企业会计机构负责人、会计主管人员和企业负责人批准后，才能将其代作原始凭证。

2. 封面填写规范

小孔所保管的会计凭证上的封面内容应是完善的，凭证封面必须有企业名称、凭证种类、凭证张数、起止号数、年度、月份、会计主管人员、装订人员及相关人员的签章等信息。

3. 贴封条

为了防止会计凭证被抽换，小孔需要在会计凭证上加贴封条，若遇到有其他企业因特殊原因需要使用原始凭证的情况，在得到企业会计机构负责人、会计主管人员和企业负责人批准后，可以复制原始凭证。小孔向其他企业提供的原始凭证复印件，还需要在专门的登记簿上登记，提供人员与收取人员须共同在上面签名、盖章。

4. 单独装订与保管

对于较多的原始凭证，小孔可单独装订，但需要在其封面上注明所属记账凭证的日期、编号和种类，并在记账凭证上注明“附件另订”的字样及原始凭证的名称和编号。对于重要的、随时需要查阅和退回的凭证，小孔应另编目录，单独保管，并在有关记账凭证和原始凭证上注明日期和编号。

小孔每年装订成册的会计凭证，到年终时，可交由企业会计机构保管一年，期满后移交本企业档案机构统一保管；若小孔的企业未设立档案机构，那么应交由企业会计机构的专人进行保管，小孔不得兼管会计档案。

5. 遵守保管期限的要求

小孔应严格遵守会计凭证的保管期限要求，期满前不得任意销毁凭证。

出纳小课堂

《会计法》第四十二条规定：

违反本法规定，有下列行为之一的，由县级以上人民政府财政部门责令限期改正，可以对单位并处三千元以上五万元以下的罚款；对其直接负责的主管人员和其他直接责任人员，可以处二千元以上二万元以下的罚款；属于国家工作人员的，还应当由其所在单位或者有关单位依法给予行政处分：

（一）不依法设置会计账簿的；

（二）私设会计账簿的；

（三）未按照规定填制、取得原始凭证或者填制、取得的原始凭证不符合规定的；

（四）以未经审核的会计凭证为依据登记会计账簿或者登记会计账簿不符合规定的；

（五）随意变更会计处理方法的；

（六）向不同的会计资料使用者提供的财务会计报告编制依据不一致的；

（七）未按照规定使用会计记录文字或者记账本位币的；

（八）未按照规定保管会计资料，致使会计资料毁损、灭失的；

（九）未按照规定建立并实施单位内部会计监督制度或者拒绝依法实施的监督或者不如实提供有关会计资料及有关情况的；

（十）任用会计人员不符合本法规定的。

有前款所列行为之一，构成犯罪的，依法追究刑事责任。

会计人员有第一款所列行为之一，情节严重的，五年内不得从事会计工作。

有关法律对第一款所列行为的处罚另有规定的，依照有关法律的规定办理。

4.5.4 会计凭证的销毁

根据2019年最新规定，会计凭证的保管期限为30年。若会计凭证保管期满或需要销毁，其销毁程序与要求如下。

1. 编制销毁清册

档案部门同会计部门会对需要销毁的会计凭证进行审查和鉴定，若确实需要销毁，那么相关人员需要编制销毁清册，清册内容包括会计档案名称、卷号、册数、起止年度和档案编号、应保管期限、已保管期限、销毁期限等。清册上还应有企业负责人签署意见。

2. 由专人负责监销

企业销毁会计凭证时，须由企业的档案部门和会计部门共同派人监销；国家机关销毁会计凭证时，须由同级财政、审计部门派人监销；各级财政部门销毁会计凭证时，须由同级审计部门派人监销。销毁前，监销人须对清册所列内容进行清点；销毁后，监销人须在销毁清册上签字盖章，并将销毁情况报告给上级。

3. 部分会计凭证不得销毁

保管期已满但债权债务未结清或其他事项还未了结的原始凭证不得销毁，对于这类凭证，工作人员应单独抽出立卷，在销毁清册和保管清册上列明不得销毁的原因，并将其保管至事项完毕；同时，正处于建设期的建设企业，其保管期已满的会计凭证也不得销毁。

实操笔记

【判断题】原始凭证附在记账凭证后的顺序应与记账凭证所记载的内容顺序一致。

【判断题】保管期已满但债权债务未结清或其他事项还未了结的原始凭证不得销毁，处于正在建设期的建设企业，其保管期已满的会计凭证也不得销毁。

【材料分析题】新出纳小洪在装订会计凭证时，不小心遗漏了一张凭证，这时候她应该怎么做？

答案：

1. 对。

2. 对。

3. 出纳在装订过程中，若出现凭证遗漏的情况，须重新装订会计凭证。但由于重新装订要将已装订的凭证拆开，为了避免未来检查发生误会，小洪应该写一份说明，交由会计和主管领导签名后，将其装订在凭证内首页即可。

【老出纳点拨】如何辨别原始凭证真伪

在工作中，出纳常常会收到各种各样的原始凭证，有些商店、企业为了利益，通常会乱开凭证，有些企业甚至会开具假凭证。对于出纳新手而言，若不能快速准确地鉴别出原始凭证的真伪，就会因收到假凭证而对会计核算的真实性产生影响。

因此，出纳应该学会辨别原始凭证的真伪，其鉴别方法如下。

1. 看内容填写是否违规

内容填写不规范、不齐全、不正确涂改现象严重的凭证，很有可能是虚假凭证。因此，当出纳在工作中遇到以下几种情况时，需要谨慎对待：

（1）“开票人”仅填姓氏；

（2）不使用国家法定计量单位，而随意用桶、袋、车来计量；

（3）违反“不得要求变更品名”的规定，货物中的名称填写不具体，或者胡乱填写其他物品名称；

（4）因复写纸过度使用或填写时用力过轻造成票面字迹不清。

2. 看手续是否齐全

虚假原始凭证的附加手续通常会不齐全，出纳需要通过查询特殊情况下的原始凭证所必备的附加条件是否齐全，同时观察其履行规定程序的情况来认定手续的真实性、合法性。

3. 看要素是否完备

根据《会计基础工作规范》的规定，进行其基本要素构成的完备性检查。即审核凭证的名称，凭证填制日期和编号，接收单位名称，经济业务内容，数量、单价和金额，填制凭证单位名称及经办人的签名并盖章等。若凭证要素不完备，那么有可能是假凭证。

4. 看限额发票是否超限填写

出纳要审核是否超限额开票，如发票的最高限额是万位，但票面上存在人为增添十万位的现象。

5. 看行业专用发票开具内容是否一致

虚假原始凭证还有一大重要特征：专用发票的适用范围被改变，存在跨行业使用或者借用的情况。

6. 看领导审批签字是否无误

自制的原始凭证上必须有经办企业的领导或者由企业领导指定的人员的签名与盖章；而支付款项的原始凭证也需要经办人员的签名与盖章和负责相应审批程序、权限的人的签名或盖章。

7. 看数字是否有可疑之处

若原始凭证上的金额数字的填写存在错误，或者有涂改的痕迹，出纳须查清其可疑之处。

8. 看“白条”是否有问题

某些企业或个人会开具没有固定格式、不具备规定内容的非正式原始凭证（俗称“白条”），如其他企业开具的有加盖公章的借款单据，面对此类情况，出纳应拒收，做到防伪求真、堵塞漏洞。

9. 看印章的使用是否符合规定

若原始凭证上的印章存在“张冠李戴用章”、不符合规定用印，以及章印不清晰的情况，出纳须仔细审核，防止收入虚假凭证。

第5章

账簿登记业务实操指南

在生活中，记账是帮助大家理财的好方法；在财务工作中，记账是反映企业经济活动过程及结果的重要工作。与会计不同的是，出纳只需要登记现金日记账和银行存款日记账，这两种账簿的登记方法是出纳所要学习的必备技能。

5.1 账簿管理在财务管理中发挥着怎样的作用

小刘是一名刚刚入职不久的出纳新手，他所在的企业规模较大，业务量多，因此出纳部门的工作也十分繁忙。面对名目繁多的各类凭证，小刘感到十分头疼，他不知道该如何将这些凭证准确无误地登记入账，登记账簿时出错了，他也不知该如何处理。

如果你也有和小刘一样的疑惑，不妨从本章中寻找答案，学习账簿的登记方法。不过，在此之前，你应该先认识和了解账簿。

5.1.1 账簿的概念

账簿是指由具有一定格式的账页组成的，用来序时地、分类地记录各项经济业务的簿籍，是编制财务报表的依据，也是保存会计资料的重要工具。

账簿通常具备以下基本要素。

1. 封面

封面主要标明账簿的名称（如总分类账、库存现金日记账、应收账款明细账等）、记账企业和会计年度，账簿封面如图 5-1 所示。

单位名称	
账簿册数	本年共　　册　　本册是第　　册
账簿页数	本册共　　页
会计年度	自　　年　月　日至　　年　月　日
单位负责人	财务负责人

图 5-1　账簿封面范例

2. 扉页

扉页应填列账簿启用及经管人员一览表（如表 5-1 所示）和账户目录。

表 5-1 账簿启用及经管人员一览表

<table>
<tr><td colspan="12">账簿启用和经管人员一览表
账簿名称：__________ 企业名称：__________
账簿编号：__________ 账簿册数：__________
账簿页数：__________ 启用日期：__________
会计主管：__________ 记账人员：__________</td></tr>
<tr><td colspan="3">移交日期</td><td colspan="2">移交人</td><td colspan="3">接管日期</td><td colspan="2">接管人</td><td colspan="2">会计主管</td></tr>
<tr><td>年</td><td>月</td><td>日</td><td>姓名</td><td>签章</td><td>年</td><td>月</td><td>日</td><td>姓名</td><td>签章</td><td>姓名</td><td>签章</td></tr>
<tr><td></td><td></td><td></td><td></td><td></td><td></td><td></td><td></td><td></td><td></td><td></td><td></td></tr>
<tr><td></td><td></td><td></td><td></td><td></td><td></td><td></td><td></td><td></td><td></td><td></td><td></td></tr>
<tr><td></td><td></td><td></td><td></td><td></td><td></td><td></td><td></td><td></td><td></td><td></td><td></td></tr>
<tr><td></td><td></td><td></td><td></td><td></td><td></td><td></td><td></td><td></td><td></td><td></td><td></td></tr>
</table>

3. 账页

账页是账簿的主要内容，因经济业务的不同，账页可以有不同的格式，但其基本内容一般包括账户名称、登记账户的日期栏、凭证和号数、摘要栏、金额栏、总页次、分户页次栏等。

出纳小课堂

账簿与账户之间的关系：

1. 账簿与账户的关系是形式和内容的关系，账户存在于账簿之中，账簿中的每一账页就是账户的存在形式和载体，没有账簿，账户就无法存在。

2. 账簿序时地、分类地记载经济业务，是在个别账户中完成的，因此，账簿只是一个外在形式，账户才是其真实内容。

5.1.2 账簿的分类

账簿名目繁多，为了更好地区别和运用它们，我们可以按外形特征、账页格式和用途的不同来对账簿进行分类。

1. 按外形特征分类

根据外形特征的不同，账簿可分为卡片式账簿、订本式账簿和活页式账簿。

（1）卡片式账簿

卡片式账簿是由具有一定格式的硬纸卡片组成，且存放在卡片箱或卡片夹中可以随时取放的账簿，所有卡片有连续编号。其实，卡片账也是一种活页账，但它不是装在活页账夹中的，而是装在卡片箱内的。卡片式账簿一般适用于固定资产明细账（卡）和低值易耗品明细账。

（2）订本式账簿

订本式账簿是指财务人员在启用前将已编好序号的若干账页固定装订成册的账簿，这种账簿可以有效防止账页散失和非法抽换账页情况的发生，有利于保证账簿的完整性。订本式账簿的缺点是不便于财务人员分工记账和增减账页。订本式账簿主要适用于库存现金日记账、银行存款日记账和总分类账。

（3）活页式账簿

活页式账簿是指财务人员在账簿登记完毕之前并不将其固定装订在一起，而是把账页装订在账夹内，制作成的可以随时取放的账簿。财务人员登记完活页账簿之后（通常是一个会计年度结束之后），再将账页装订，加上封面，并给各账页连续编号。活页式账簿适用于明细分类账。

2. 按账页格式分类

根据账页格式的不同，账簿可分为数量金额式账簿、三栏式账簿和多栏式账簿。

（1）数量金额式账簿

数量金额式账簿是指财务人员分别在借方、贷方和余额三栏下，进一步分设数量、单价和金额三栏，借以反映财产物资的实物数量和价值量的账簿。这类账簿适用于既要进行金额核算，又要进行实物核算的各种财产物资类账簿，如原材料明细账、库存商品明细账等。

（2）三栏式账簿

三栏式账簿是指设有借方、贷方和余额三个金额栏目的账簿，各种日记账，总分类账及登记资本、债权、债务的明细账均采用三栏式账簿。

（3）多栏式账簿

多栏式账簿是指在借方或贷方下分别设专栏、分别登记有关经济业务明细情况的账簿。收入、费用明细账一般采用多栏式账簿，其可以在一张账页上集中反映收入和费用的明细情况。

3. 按用途分类

根据账簿用途的不同，账簿可以分为分类账簿、日记账簿和备查账簿。

（1）分类账簿

分类账簿是按照账户（会计科目）分类登记经济业务的账簿。分类账簿是编制会计报表的主要依据，也是账簿体系的主干。根据反映经济业务内容的详略程度的不同，分类账簿又可分为总分类账簿和明细分类账簿。

总分类账简称总账，是指根据总分类科目（一级会计科目）设置的，按一级会计科目所规定的核算内容进行核算的账簿。总分类账可以提供以货币计量的，总括反映经济业务内容的核算资料。

明细分类账简称明细账，是根据总分类账所属明细科目（二级会计科目）设置的，按明细会计科目所规定的核算内容进行核算的账簿。明细分类账主要利用货币计量进行核算，个别明细分类账簿也可以同时使用实物等指标进行详细的核算。明细分类账是对总分类账的补充和说明。

（2）日记账簿

日记账簿是指按照经济业务发生时间的先后顺序，逐日逐笔进行连续登记的账簿，又叫作序时账簿。根据财会人员记录的经济业务内容的不同，日记账簿又可以分为普通日记账和特种日记账。

普通日记账是指用来记录会计主体全部经济业务的发生及完成情况的日记账。特种日记账是指用来记录某一类经济业务的发生及完成情况的日记账。在出纳实务中，企业一般只设置库存现金日记账和银行存款日记账两个特种日记账，以便及时、系统、全面地反映企业库存现金、银行存款等资金的增减变动情况，同时方便出纳随时对账、查账。

（3）备查账簿

备查账簿是指对某些在日记账簿和分类账簿中未能记载的经济业务事项进行补充登记的账簿，又称辅助账簿，如租入固定资产登记簿、应收票据登记簿、应付票据登记簿、受托加工物资登记簿、代销商品登记簿等。

备查账簿可以给企业提供很多有用的参考资料和信息，但是，备查账簿一般没有固定格式，也不是必须设置和登记的账簿，出纳可以根据需要来进行设置。

账簿的分类如图 5-2 所示。

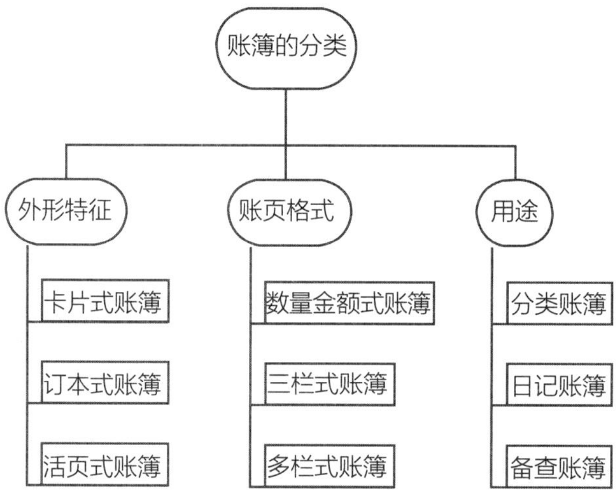

图 5-2　账簿的分类

以上列举的账簿分类，是财会账簿的常见分类，然而出纳在实际工作中，一般只会用到现金日记账和银行存款日记账。

5.1.3　账簿登记的作用及意义

账簿登记既是填制和审核凭证的延伸，同时也是连接凭证与财务报表的中间环节，其在出纳核算中的作用如下：

（1）对财务信息进行记载与储存；

（2）对财务信息进行分类与汇总；

（3）对财务信息进行检查与校正；

（4）对财务信息进行编报与输出。

凭证对经济业务的反映是零散而片面的，但账簿登记却能将凭证上所记录的经济业务信息进行归类，对经济业务进行更加连续、系统、全面地反映。对于出纳而言，账簿登记的意义主要有以下几点：

（1）为财务分析提供直接依据；

（2）系统地归集和积累财务核算资料；

（3）为编制财务报表提供主要依据；

（4）有效发挥财会人员的监督职能。

账簿登记是财务工作的重要基石，虽然出纳需要管理和登记的账簿数量并不多，但出纳也不能对其掉以轻心。

实操笔记

【写一写】账簿分为哪几个类别？请你在下面写出来。

5.2 账簿的日常处理流程

对于出纳而言，账簿的日常处理流程主要分为 6 个阶段：启用账簿、登记账簿、对账、账簿排错与更正、结账及账簿的更换与保管。本节我们将一起学习这 6 个阶段中的具体操作方法。

5.2.1 启用账簿

出纳一般启用的账簿有两种，一种是现金日记账，另一种是银行存款日记账，这两本账簿通常是订本式的。因此，出纳在启用账簿时，对于未印制顺序号的账簿，应按照第一页到最后一页的顺序编订页数，不得出现跳页、缺页或缺号的情况。在使用活页式账簿时，也需要按账户顺序编号，并定期装订成册。装订完成后，再按实际使用的账页顺序编订页码，另设目录记明每个账户的名称和页次。

出纳启用账簿的具体流程为：首先要在账簿的封面上写明企业名称、账簿名称及所属的年份等内容；然后填写扉页上的账簿启用表，逐项写明企业名称、账簿名称、账簿号码、账簿页数、启用账簿日期、记账人员和会计主管人员姓名等内容，并加盖企业出纳专用章和个人名章。

若出纳存在职位调动的情况，那么需要按照规定办理移交工作，移交过程中应由交接双方和监交人签名盖章，并由接管人注明接管日期，以此来明确双方责任。

5.2.2 登记账簿

出纳需要登记的账簿有现金日记账和银行存款日记账。其登记要求有以下4点内容：

（1）按照顺序逐笔登记账簿；

（2）坚持日清月结原则，每天结出余额；

（3）借方要登记收入，贷方要登记支出；

（4）每天要核对账面余额和库存现金。

现金日记账和银行存款日记账的具体填制方法将在5.3节和5.4节中进行详细介绍。

5.2.3 对账

出纳的对账对象有两个，一个是会计，一个是银行。

当会计结完账后，出纳需要主动报出现金结存数，看其是否与会计的账目一致。

同时，出纳还须定期与银行对清存款项目，使企业存款日记账的余额与银行存款科目对账单的余额保持一致。通常情况下，出纳会采用对账单进行对账，对企业对账单上和银行对账单上的收支项目进行勾对。

5.2.4 账簿的排错与更正

小张是一名出纳新手，她在登记账簿时常常出错，但账簿不得随意涂改，那么她在出现错误后该如何正确地更正账簿呢？

首先，小张要明确的是，账簿中的错误必须按照规范要求进行错账更正，不能随意涂改、刮擦、挖补和撕毁。在出纳工作中，错账更正也是一项必备技能，其排查技巧和更正方法如下。

1. 排查账簿错误的六大技巧

常用的错账查找方法主要分为全面检查法和局部抽查法，在这两种方法中，各有一些非常实用的技巧。

（1）全面检查法

全面检查法就是对一定时期内的账目进行逐笔核对的检查方法，核对技巧分为顺查法和逆查法。

◣顺查法

顺查法是指核对账目的顺序与记账程序的方向相同，具体来说，就是出纳按记账的顺序进行核查，其记账顺序为：从原始凭证到记账凭证再到账簿。顺查法可以全面检查账簿登记的正确性，但是工作量非常大，多适用于错账，且该方法难以确定核查范围、核查方向的情况。

◣逆查法

逆查法是指与记账顺序相反，从错账的位置开始，逆向查找错误原因的方法。这种方法可以有效减轻工作量，出纳在实际工作中运用较多。

（2）局部抽查法

局部抽查法是指仅针对错误数字抽查账目的核查方法，出纳在对错账进行局部抽查时，可以运用除 2 法、除 9 法、差数法、尾数法这 4 个小技巧。

◣除 2 法

除 2 法是将指差异数除以 2 的方法，这种方法可以用于查找因数字记反方向而发生的错误。比如，小张将应记入“短期借款”账户借方的 8000 元误记入贷方，导致期末所有账户借方余额合计比所有账户贷方余额合计少 16000 元，若将差异数 16000 除以 2，得到的 8000 即为记反方向的数字。

◣除 9 法

除 9 法是指将差异数除以 9 的方法，这种方法适用于以下 3 种情况。

数字颠倒：如将 2345 元误记为 2435 元，错误数字比正确金额多 90 元，差异金额 90 是 9 的倍数。

数字写大：如将 2000 元误记为 20000 元，错误数字比正确金额多 18000 元，差异金额 18000 是 9 的倍数。

数字写小：如将 3000 元误记为 300 元，错误数字比正确金额少 2700 元，差异金额 2700 是 9 的倍数。

◣差数法

差数法是指按照错账的差异数查找错误的方法，它主要用于查明账目是否存在重记或漏记的现象。比如，小张在记账过程中只登记了借方而漏记了贷方，导致试算不平衡，小张可以将产生的差额与相关金额的账簿记录进行核对，以便找出错误。

◣尾数法

尾数法是指查找末位数差异金额的末尾，以提高查错效率的方法，它适用于借贷方金额其他位数都一致，只有末位数出现差错的情况。比如，试算平衡时，出纳发现借方的合计比贷方多 0.34 元，可查找是否有尾数为 0.34 元的业务存在错误。

2. 更正错账的三大方法

当出纳排查出错误后，须对错误进行更正，其更正方法又是怎样的呢？

错账更正的方法主要有画线更正法、红字更正法和补充登记法这三种，它们分别适用于不同的情况。

◣画线更正法

适用情况：凭证正确，但登记账簿时有错误。

操作方法：

（a）先将错误的文字或数字用一条单红线画去表示“注销”；

（b）在画线内容上方用蓝字写上正确的文字、数字；

（c）在画线处加盖更正人印章，以明确责任。

注意事项：

（a）不要在原有错误字迹上进行涂改，画红线后的原有字迹要仍能辨认出来；

（b）采用该方法画掉错误数字时，应将整笔数字画掉，不能只画局部错误数字。

◣红字更正法

适用情况：记账凭证应借、应贷科目错误；记账凭证所填金额大于应记金额。

操作方法：

（a）针对记账凭证应借、应贷科目错误的情况，出纳可以根据错误内容，用红字填制一张错误的记账凭证，并用红字登记入账，在摘要栏中写明“冲销某月某日第 × 号凭证错误”字样，以冲销原来的错误记录。然后，再用蓝字或黑字填制一张正确的记账凭证，并在摘要栏中注明“更正某月某日第 × 号凭证错误”字样，登记入账。

（b）对于记账凭证所填金额大于应记金额的情况，出纳需要将多记金额用红字填制成一张记账凭证，并用红字登记入账，并在摘要栏中注明“冲销某月某日第 × 号凭证多记金额”字样，以冲销多记金额。

◣补充登记法

适用情况：记账凭证科目无错误，但所填金额小于应记金额。

操作方法：

出纳将少记的金额用蓝字填制成一张记账凭证，即用蓝字登记入账，并在摘要栏中注明“补充某月某日第 × 号记账凭证少记金额”，以补充登记少记的金额。

出纳在核算过程中，不要怕发生错账，只要按规定更正相关账目即可。不过，提升做账的准确率、降低错误率应是广大出纳的首要目标。

出纳小课堂

本节介绍的错账更正方法主要适用于手工信息系统。在会计电算化条件下，画线更正法已不再适用。但是，红字更正法（红字冲销法）和补充登记法依然是更正错账的常用方法，这是因为它们是留有痕迹的错账更正方法，可以为审计留下线索，所以这两种错账更正方法依然受到业界的重视。

5.2.5 结账

出纳除管理现金外，还要每日在按照规定登记账簿后，结出账面余额，其具体的结账方法主要有以下 4 种。

1. 日结账

出纳在分清收入日记账和支出日记账后，需要将当日收入合计数和当日支出合计数结算出来，并将支出日记账中的当日支出合计数转记入收入日记账中的当日支出合计栏内，并在此基础上结出当日账面余额。

2. 月结账

到每月月底时，出纳可以在每个账户的最后一笔账的下一行结出“本期发生额”和“期末余额”，在摘要栏内填写“本月合计”字样。若月末没有余额，那么出纳须在借或贷栏中填写“平”的字样，同时在余额栏中填写“0”的字样，并画上红线，这就是所谓的“画线结账法”。

需要逐月结算本年累计发生额的账户，出纳人员应逐月计算自年初至本月份止的累计发生额，并将发生额登记在月结的下一行，在摘要栏中填写“本月累计”的字样。

3. 季结账

与月结账相似，出纳须在各账户本季度最后一个月的月结下面画一通栏红线，在红线下结算出本季发生额和季末余额，并在摘要栏内注明“本季合计”字样，再在摘要栏下面画一通栏红线，表示本季结束。

4. 年结账

每年年末，出纳需要将该年的累计发生额，登在 12 月份合计数的下一行里，并在摘要栏内注明“本年合计”字样，画出双红线。

若企业账户上有余额，那么出纳须在年结数的下一行的摘要栏内注明“结转下年”字样。同时要在下一年的新账页第一行的摘要栏内注明“上年结转”字样，并把上年末余额数填写在余额栏内。

5.2.6 账簿的更换及保管

账簿应由专人负责，出纳在启用账簿时应做好登记，并在账簿封面上写明企业名称和账簿名称，在账簿扉页上附“账簿启用和经管人员一览表”。当出纳更换，需要移交账簿时，出纳应在会计主管的监督下办理好交接手续，手续应附上交接双方和会计主管的签章。

小小的几本账簿，不仅记录和反映了企业的各项经济业务，还体现出了出纳工作的严谨性。要想做好账簿登记工作，出纳不仅要掌握登记方法，还要有责任心。

实操笔记

【写一写】更正错账的三大方法有哪些？请你默写下来。

______

______

______

5.3 现金日记账的基本格式与登记方法

现金日记账和银行存款日记账的登记贯穿于出纳日常工作中，只要有经济业务发生，出纳就要根据原始凭证填制相关记账凭证，再按规定将经济业务内容录入各类账簿中。可见，现金日记账、银行存款日记账的登记方法是出纳必须掌握的专业知识。

本节，我们先来一起学习现金日记账的登记方法。在学习现金日记账的填制方法之前，我们先来了解其基本格式是怎样的。

5.3.1 现金日记账的基本格式

现金日记账的格式主要分为三栏式和多栏式，这两种格式的账簿都必须使用订本式账簿，现金日记账的两种格式如图 5-3 和图 5-4 所示。

库存现金日记账

年		凭证		摘要	对方科目	借方											贷方											借或贷	余额										
月	日	种类	号数			千	百	十	万	千	百	十	元	角	分	√	千	百	十	万	千	百	十	元	角	分	√		千	百	十	万	千	百	十	元	角	分	√

图 5-3　三栏式库存现金日记账格式

库存现金日记账

年		凭证		摘要	借　方　科　目						
月	日	种类	号数								支出合计

库存现金日记账

年		凭证		摘要	贷　方　科　目						
月	日	种类	号数								支出合计

图 5-4　多栏式库存现金日记账格式

5.3.2　现金日记账的填制

出纳应根据审核无误的会计凭证，按业务发生的时间先后顺序逐日、逐笔登记现金日记账。出纳将日经济业务登记完成后，还要根据“本日余额 = 上日余额 + 本日收入 - 本日支出”的公式计算出库存现金余额，并检查每日现金收付是否有误。下面，不妨让我们一起来看看现金日记账具体的填写方法是怎样的。

1. 三栏式现金日记账

三栏式现金日记账的具体填制方法如下所示。

（1）日期栏：库存现金实际收付日期应与记账凭证的日期一致。

（2）摘要栏：应以简练的文字清楚地说明，其内容一般与收、付款记账凭证上的内容相同。

（3）凭证栏：登记入账的收、付款凭证的种类和编号。

（4）对方科目：反映库存现金收付的来龙去脉，如以现金支付职工工资，其对方科目则为“应付职工薪酬”。

（5）借方、贷方栏：每日终了，出纳应分别结算现金收入（借）和现金支出（贷）的合计数，结出余额，同时将余额与出纳的库存现金进行核对。

2. 多栏式现金日记账

多栏式现金日记账的具体填制方法如下所示。

（1）根据相关会计凭证登记现金收入日记账。

（2）根据相关会计凭证登记现金支出日记账。

（3）每日营业完毕后，出纳须将现金支出日记账结算的支出合计数一并转入现金收入日记账的支出合计栏中，并结出当日余额。

现金日记账记录了企业每天发生的现金业务，是出纳进行财务核算的基础，出纳必须认真记录每一笔金额，以此确保数字的正确性和内容的真实性。

实操笔记

【判断题】现金日记账应根据审核无误的会计凭证，按业务发生的时间先后顺序逐日、逐笔登记。

答案：对。

5.4 银行存款日记账的基本格式与登记方法

相较于现金日记账，银行存款日记账的基本格式与填制方法又有所不同。

5.4.1 银行存款日记账的基本格式

银行存款日记账是指用来核算和监督银行存款每日的收入、支出和结存情况的账簿，一般情况下，每个银行账户都要设置一本日记账。

与现金日记账相似，三栏式的银行存款日记账也必须采用订本式账簿制作，其基本格式如图 5-5 所示。

银行存款日记账

年		凭证		支票		摘要	借方										核对	贷方										核对	余额									
月	日	种类	号数	类别	号数		亿	千	百	万	千	百	十	元	角	分		亿	千	百	万	千	百	十	元	角	分		亿	千	百	万	千	百	十	元	角	分

图 5-5 三栏式银行存款日记账

5.4.2 银行存款日记账的填制

银行存款日记账通常由出纳按照业务发生的时间先后顺序逐日、逐笔地登记，其登记依据是审核后的与银行存款有关的收、付款凭证。每天营业结束后，出纳应分别计算出当日银行存款收入、支出的合计数及账面余额，计算每日余额的公式是：

本日余额 = 上日余额 + 本日收入 − 本日支出

银行存款日记账中的“支票种类及号数”栏应填写以支票付款结算的支票

种类及号数，方便与开户银行对账。其他栏目的填制方法与库存现金日记账的填制方法相同，参照上文中的登记方法即可。

实操笔记

【计算题】已知B企业5月1日的余额是2000元，5月2日的收入是1000元，5月2日的支出是500元，求5月2日的本日余额为多少？

答案：2500元。

5.5 账簿登记原则

账簿的登记中最重要的一条原则就是“以会计凭证为依据”，出纳须以审核无误的会计凭证为依据，将企业每天发生的各种经济业务登记到相关账簿。同时出纳应按时做好账簿登记。不过，各类会计账簿的登记时间、登记间隔并没有统一规定，但一般企业遵循的原则是：出纳应当根据办理完毕的收付款凭证，按照书写规范及时逐笔登记现金日记账和银行存款日记账，账簿的记账规则如图5-6所示。

图5-6 账簿的记账规则

账簿登记的基本要求和书写规范如表 5-2 所示。

表 5-2 账簿登记的基本要求和书写规范

账簿登记的基本要求和书写规范	说明
登记内容完整、手续完备	将会计凭证日期、编号、业务内容摘要、金额和其他有关资料逐项记入账簿内，记账人员要在记账凭证上签名或者盖章 登记完成后，在记账凭证的过账或账页栏内注明账簿页数或画“√”等符号，表示已经记账完毕，避免重记、漏记
按顺序登记	账簿要按账页顺序连续登记，不得跳行、隔页。如不慎出现跳行、隔页等失误，应将空行、空页画线注销，或注明“此行空白”或“此页空白”，并由记账人员签名或盖章
账簿只能用蓝黑墨水或碳素墨水书写	为了保证会计账簿能长久保存和不易篡改，出纳登记账簿时须使用蓝黑墨水或碳素墨水书写，不得使用圆珠笔（银行复写账簿除外）和铅笔。在实际工作中，出纳普遍使用黑色签字笔
特殊情况下可用红色墨水记账	会计中的红字表示负数，非特殊情况，不得用红色墨水登记账簿 在下列情况下，出纳可以使用红色墨水登记账簿： 1. 按照红字冲账的记账凭证，冲销错误记录； 2. 在不设借或贷等栏的多栏式账页中，登记减少数； 3. 在三栏式账户的余额栏前，若未印明余额方向，须在余额栏内登记负数余额； 4. 国家统一会计制度规定可以用红字登记的其他情况
书写清晰、端正、整洁	记账要保持清晰、整洁，记账文字和数字要端正、清楚、规范。为了给出纳留下改错的空间，账簿中的阿拉伯数字一般应占账簿格的 1/2
定期结出余额	凡需结出余额的账户，都应该定期结出余额，现金日记账和银行存款日记账必须每天结出余额。出纳结出余额后，应在借或贷栏内写明“借”或“贷”的字样。没有余额的账户，应在该栏内写“平”字，并在余额栏“元”位上用“0”表示
账页结转下页时，结出本页合计数和余额	出纳每登记满一张账页，准备转下页时，应结出本页合计数和余额，并将其写在本页最后一行（摘要栏内注明“过次页”）和下页第一行（摘要栏内注明“承前页”）的相应栏内。这样做是为了保持账簿登记的连续性，便于出纳对账和结账

出纳
小课堂

由于会计电算化的发展，各类财务软件在出纳工作中得到了广泛的运用。在这样的大环境下，手工记账还有存在的必要吗？

答案是肯定的，手工记账方法是出纳需要掌握的技能，出纳要想透彻地理解和掌握财务知识，就要学会手工记账方法。

由于各方面的缺陷，会计电算化目前还不能完全取代手工记账法，这是因为有的会计电算化软件没有加密措施，可能会发生信息篡改和泄密的现象，并且很多企业也没有严格的内部控制制度。

实操笔记

【判断题】登记账簿必须使用蓝黑墨水或碳素墨水书写，不得使用圆珠笔（银行复写账簿除外）和铅笔。

答案：对。

【老出纳点拨】在年初，出纳怎么启用新账

每到年初，企业的出纳都纷纷购买新的账簿，事实上，这与账簿本身的新旧没有多大联系，主要是为了更加清楚完整地反映企业年度的财务状况和经营成果。因此，在年初，出纳通常会将上一年度的账簿归档保存，并且启用新账簿。

对于出纳而言，固定资产的明细账是可以跨年使用的。需要更换的账簿主要是现金日记账和银行存款日记账，那么，这两本新账的启用步骤是怎样的呢？

1. 向账户转移余额

在年度结账时，出纳需要将其期末余额转移到下年度新账簿的账户中去。

这个过程中，需要注意账户和账簿要相对应，在不编制记账凭证的前提下，将原有账户的余额直接记到新账簿中对应账户的余额中。

2. 注明“上年结转”字样

当下一年新开账户的第一行的填写日期是“1 月 1 日”时，摘要栏里需要注明“上年结转”字样，注意这里与账页上的“承上页”不同。

3. 在上年结转余额里记入余额栏的数字

这个过程中，出纳需要注意余额方向。若上年度该账户为贷方余额，那么转至本年度新账内的仍为贷方余额；若上年度该账户为借方余额，那么转至本年度新账内的仍为借方余额。

第6章

现金业务实操指南

“钱账分管”是财务工作的重要原则，即出纳管钱，会计管账。出纳几乎每天都要和现金打交道，可见，现金业务算是出纳的一项基础又重要的业务，而出纳要想掌握现金业务，还须从现金定义及管理、现金收入业务、现金支出业务、库存现金清查业务等方面入手。

6.1 现金的概念及管理原则

有位富翁曾经在街上遇到了一名乞丐，富翁看见乞丐衣衫褴褛，于是就动了恻隐之心，想救助乞丐。但富翁却发现自己身上只有100元的午饭钱，于是他就把自己身上价值1000元的大衣脱下来送给了乞丐。没想到乞丐对富翁说："您还是给我现金吧，我又不能拿您的衣服去买饭吃。"富翁只好把身上仅有的100元现金给了乞丐，结果自己却饿了肚子。

这个故事告诉我们：现金在生活中是很重要的。一个企业的现金业务是维持其经济正常运转的支柱，现金业务也是出纳的主要工作之一。

6.1.1 现金的概念

钱币，萌芽于夏代，起源于殷商，发展于东周，统一于嬴秦。在会计范畴内，现金是指存放在企业并由出纳保管的现钞，其中包括库存的人民币和各种外币。

出纳小课堂

根据我国银行结算制度的规定，企业之间的结算款项禁止使用现金结算，须通过银行进行统一办理。

但在现实工作中，企业的每一元都通过银行结算是极其不现实的。因此，为了方便零星开支，企业各部门设立了备用金管理制度。

备用金管理制度可以分为非定额备用金制度和定额备用金制度两种。备用金管理制度，如表6-1所示。

表 6-1 备用金管理制度

种类	说明与要求
非定额备用金制度	企业中非经常使用备用金的部门或工作人员，可以根据每次业务所需备用金的数额向出纳预借现金并填制借款凭证，之后凭借有关凭证到财务部门报销，多退少补，一次结清，下次再用时重新办理手续
定额备用金制度	企业中经常使用备用金的部门或工作人员则应按核定的定额填写借款凭证，一次性领出全部定额现金，之后凭有关凭证报销。出纳须将报销金额补充至原定额，从而保证该部门或工作人员经常保持核定的现金定额。只有等到撤销定额备用金或调换经办人时才能全部收回备用金

6.1.2 现金管理的原则

所谓“现金管理”，指的是国家对在银行和其他金融机构开立账户的机关、团体、部队、企事业单位使用现金的范围和数量的控制。根据《现金管理暂行条例》的规定，现金管理有以下四大原则。

1. 收付合法原则

这里的“合法”有两层含义，第一层含义是现金的来源和使用须合法，第二层含义是现金收付必须在合法的基础上进行，即各企业在遵循国家的有关方针、政策和规章制度的前提下收付现金。

2. 钱账分管原则

出纳和会计要有明确的分工，须坚持“管钱不管账，管账不管钱”的原则。

3. 收付两清原则

无论是收款还是付款，出纳要当面点清收付的现金。

4. 日清月结原则

出纳须当日理清发生的现金收付业务，将其计入现金日记账中，并做到每月对现金日记账进行结算，遇到业务多的情况，可几天或半月定期结一次账。

出纳小课堂

现金管理的两大基本要求

1. “八不准”：不准以任何票券代替人民币在市场上流通；不准发行变相货币；不准保留账外公款；不准将企业收入的现金以个人名义收入；不准利用银行账户代其他企业和个人存入或支取现金；不准谎报用途套取现金；不准企业之间互相借用现金；不准用不符合财务制度的凭证顶替库存现金。

2. 严格实行收支两条线，不准擅自坐支现金（指企事业单位和机关、团体、部队将本单位的现金收入直接用于现金支出）。

6.1.3 现金业务的工作原则

一般情况下，企业的现金业务是由出纳负责与办理的。然而，对于出纳而言，要想办好现金业务，还须遵循其业务原则，现金业务的工作原则主要分为以下 6 点。

1. 钱账分管原则

上文已提到过钱账分管原则，即会计管账，出纳管钱，责任分明有利于会计和出纳各自发挥不同的专业职能，达到互相核对与制约的目的。

2. 先收款后记账

出纳收妥现金后，才能替支款企业记账，防止出现记账后忘记收款的情况。

3. 收付分开原则

指出纳需要分开处理“收付两条线”上的业务。

4. 双人经办原则

为了更好地完成现金工作，出纳需要坚持双人管库、双人守库、双人押送的原则，便于相互监督，同时还能防止出现差错和发生意外事故。

5. 复核制度原则

现金的收款工作须由专人复点，付款工作须由专人复核。同时，经办人也要自行复点和复核。

6. 交接手续和查库原则

出纳在进行交接工作时，须按照规定办理交接手续，分清责任。同时，出纳还应定期或不定期查库，确保账实相符。

实操笔记

【写一写】现金管理的原则有哪些？请你默写下来。

____

____

____

6.2 现金收入业务

A 企业曾经因销售商品而取得了一些现金收入，企业出纳小李收取这部分现金的业务活动就叫作现金收入业务，小李须按现金收入业务流程和基本要求来处理现金收入业务。

6.2.1 现金收入管理的基本要求

现金收入业务是指各企业在其所展开的生产经营和非生产经营业务过程中取得现金的业务。在这个过程中，出纳管理现金收入的基本要求有以下 4 点内容。

1. 收入来源必须合法合理

出纳小李日常工作中收取的现金收入有多种来源，但每种收入来源都须合法合理。例如，小李不能乱列开支项目提取现金，也不能在出售商品（产品），金额在结算起点以上时拒收银行结算凭证而收取现金，也不能按一定比例搭配收取现金。同时，小李须在国家规定的适用范围和限额内使用现金，现金应从开户银行提取，提取时应写明用途，并由本企业的财务部门负责人签字或盖章。

2. 严格办理现金收入手续

小李在收入现金时，须当面清点现金数额，复点无误后，再交由付款人收款收据，严禁收款不开收款收据。

3. 坚持“一笔一清”的收入原则

小李在收取几款现金时，须清点完一笔之后再清点另一笔，即不能同时办理几笔收款，否则容易出现混淆和调换的情况。一笔款项未办理完成，小李不得离开座位。对已经完成办理的款项，小李须在收据上加盖“现金收讫”的戳记。

4. 及时将现金收入送存银行

小李须严格按照规定的收款日期和收款金额，及时收取企业应得的收入，并将不缺不满的金额及时送存银行。若小李收入的现金是银行当天停止收款后收入的，也应第二天送存银行。

6.2.2 现金收入业务流程

小李在办理现金收入业务时，若收到的原始凭证是收据，那么小李须按以下流程来办理业务。

1. 在付款人的面前清点现金，做到“一笔一清”后妥善保管好现金。

2. 给付款人开具收款收据，如图 6-1 所示，并在收据的第二联收据联上加盖财务专用章，并将收到的款项交给企业。

3. 制单会计根据收据第三联记账联编制记账凭证。

4. 小李根据审核无误的记账凭证登记现金日记账。

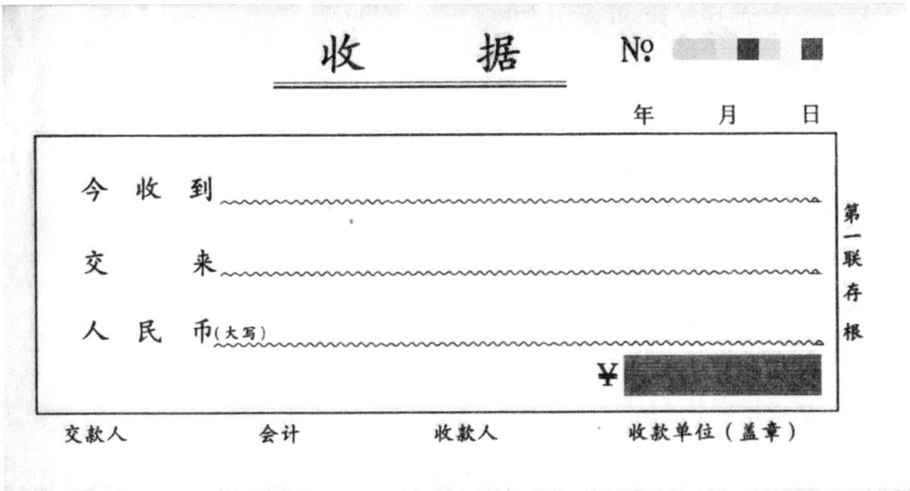

收 据 №

年 月 日

今收到

交来

人民币(大写)

¥

第一联存根

交款人 会计 收款人 收款单位（盖章）

图 6-1 收款收据样式

第二联收据联和第三联记账联的收据格式大致相同，唯一不同之处在于：第二联收据联须加盖财务专用章，而第三联记账联须加盖现金收讫章。

出纳小课堂

现金收入业务的原始凭证有：增值税普通发票、增值税专用发票、普通发票、专业发票、收据。

一般没有使用发票的场合，都应该使用收据，需要注意的是，收据不等于“白条”，收据是一种收付款凭证，它有种类之分，至于其能否入账，还得看收据的种类和使用范围。

收据分为外部收据和内部收据，外部收据包括税务部门监制、财政部门监制的收据及部队收据，这三种专用收据属于正式发票，可以入账。用于企业内部发生业务的收据，可以作为成本费用入账。企业与部队之间发生业务往来，按规定不需要纳税的，可使用部队监制的收据，该收据也可入账。

6.2.3 现金送存业务流程

按相关规定，出纳小李除了需要将可以坐支的现金和非业务性零星收入现金用于补充库存现金外，还需要将业务活动收到的现金及超过库存现金限额的现金及时存入银行，其处理流程如下。

1. 整理并清点票币，完成现金缴款单的填写，如表 6-2 所示。
2. 整理好现金和现金缴款单后，将其送交银行。
3. 制单会计根据银行退回的现金缴款单编制记账凭证。
4. 小李根据审核无误的记账凭证登记现金日记账、银行存款日记账。

表 6-2　×× 银行现金缴款单（回单）的样式

银 行 现 金 缴 款 单

科目：　　　　　　　　　　　　年　月　日　　　　　　　　　　对方科目：

<table>
<tr><td colspan="2" rowspan="2">收款企业</td><td>全称</td><td colspan="9">×× 企业</td><td colspan="6" rowspan="2">款项来源
缴款部门</td><td colspan="4" rowspan="2">销货款</td></tr>
<tr><td>账号</td><td colspan="9">×××××××××××××</td></tr>
<tr><td colspan="12">人民币（大写）</td><td>千</td><td>百</td><td>十</td><td>万</td><td>千</td><td>百</td><td>十</td><td>元</td><td>角</td><td>分</td></tr>
<tr><td>券别</td><td>张数</td><td>十</td><td>万</td><td>千</td><td>百</td><td>十</td><td>元</td><td>角</td><td>分</td><td>券别</td><td>张(枚)数</td><td></td><td></td><td></td><td></td><td></td><td></td><td></td><td></td><td></td><td></td></tr>
<tr><td>壹佰元</td><td></td><td></td><td></td><td></td><td></td><td></td><td></td><td></td><td></td><td></td><td></td><td></td><td></td><td></td><td></td><td></td><td></td><td></td><td></td><td></td><td></td></tr>
<tr><td>伍拾元</td><td></td><td></td><td></td><td></td><td></td><td></td><td></td><td></td><td></td><td></td><td></td><td></td><td></td><td></td><td></td><td></td><td></td><td></td><td></td><td></td><td></td></tr>
<tr><td>贰拾元</td><td></td><td></td><td></td><td></td><td></td><td></td><td></td><td></td><td></td><td></td><td></td><td></td><td></td><td></td><td></td><td></td><td></td><td></td><td></td><td></td><td></td></tr>
<tr><td>壹拾元</td><td></td><td></td><td></td><td></td><td></td><td></td><td></td><td></td><td></td><td></td><td></td><td></td><td></td><td></td><td></td><td></td><td></td><td></td><td></td><td></td><td></td></tr>
<tr><td>伍元</td><td></td><td></td><td></td><td></td><td></td><td></td><td></td><td></td><td></td><td></td><td></td><td></td><td></td><td></td><td></td><td></td><td></td><td></td><td></td><td></td><td></td></tr>
<tr><td>贰元</td><td></td><td></td><td></td><td></td><td></td><td></td><td></td><td></td><td></td><td></td><td></td><td></td><td></td><td></td><td></td><td></td><td></td><td></td><td></td><td></td><td></td></tr>
<tr><td>壹元</td><td></td><td></td><td></td><td></td><td></td><td></td><td></td><td></td><td></td><td></td><td></td><td></td><td></td><td></td><td></td><td></td><td></td><td></td><td></td><td></td><td></td></tr>
</table>

实操笔记

【单选题】下列哪项不属于现金业务收入的流程？（ ）

A. 在付款人的面前清点现金，做到“一笔一清”后妥善保管好现金

B. 给付款人开具收款收据，并在收据的第二联收据联上加盖财务专用章，并将收到的款项交给企业

C. 制单会计根据收据第三联记账联编制记账凭证

D. 整理并清点票币，完成现金缴款单的填写

答案：D

6.3 现金支出业务

俗话说：“有进必有出。”既然有现金收入业务，那么必然有现金支出业务。在现金支出业务办理过程中，出纳应该了解哪些知识呢？下面就让我们一起来揭开现金支出业务的“神秘面纱”。

6.3.1 现金支出审批制度

为了避免给企业造成不可追补的经济损失，出纳需要认真谨慎地控制企业的现金支出，而出纳控制现金支出的关键是要遵守企业制定的现金支出审批制度。一般情况下，出纳需要遵守以下 6 条制度。

1. 在企业现金开支的范围内进行现金开支

各企业会根据《现金管理条例》及其实施细则，将企业现金开支的范围规定出来，比如职工差旅费、职工工资、职工因公借款等的开支范围，出纳须在这些范围内开支现金。

2. 根据规定来制定各种报销凭证和报销手续

出纳要根据相关规定来制定工资支付单、借款单、购料凭证、差旅费凭证等单据。

3. 在审批权限内进行各种现金开支

若出纳遇到未经过审核批准并签章或有关人员超越规定审批权限的情况，那么应不予付款。

4. 根据原始凭证来付款

一切现金付款业务的办理必须有原始凭证，出纳据以付款，对于已付讫的凭证，出纳应在有关凭证上加盖“现金付讫”的戳记，避免重复付款。

5. 保管好空白收据与发票

出纳人员需要保管好自己手上的空白收据与发票，避免被有心人利用。

6. 尽量延时付款

出纳在不损害企业信誉的前提下，应尽可能延迟现金支出的实际支付时间，从而扩大企业的现金机动余地。

出纳小课堂

在企业里，现金的支出范围比较广泛，归纳起来，主要有以下8个方面。

1. 企业员工个人的薪资、奖金、津贴。

2. 个人劳务报酬，包括稿费和讲课费及其他专门工作的报酬。

3. 企业员工的抚恤金、丧葬补助费、劳保、福利及国家规定的对个人的其他支出。

4. 按国家规定发放给个人的体育、科学技术、文化艺术等各种奖金。

5. 个人收购农副产品和其他物资价款的支付。

6. 结算起点（1000元）以下的零星支出。

7. 出差人员需要随身携带的差旅费。

8. 经中国人民银行确定需要支付现金的其他支出。

6.3.2 现金提取的业务流程

当出纳的库存现金小于库存限额需要补足时，或者企业需要使用现金时，出纳需要填写现金支票，从银行里提取现金，其提取的流程如下。

第一，完成现金支票领用登记簿的填写，如表6-3所示，并交由财务经理审核。

表6-3 现金支票领用登记簿的样式

现金支票领用登记簿

序号	支票号码	领用日期	收款企业	用途	金额	经手人	备注
1							
2							
3							
4							

第二，完成现金支票的填写（正联、存根联）。

第三，财务经理审核无误后，在支票正面及背面加盖银行预留印鉴。

第四，沿着虚线，剪下现金支票的正联，并将其送交开户银行，办理提现手续。

第五，制单会计根据现金支票的存根联，编制记账凭证。

第六，出纳根据审核无误的记账凭证，登记现金日记账、银行存款日记账。

6.3.3 现金支付业务

现金支付业务的具体业务流程如下。

1. 支付职工工资、奖金和福利费

出纳在支付职工工资、奖金和福利费时，须按以下步骤进行操作。

第一，出纳须根据企业相关资料编制付款单，并且计算出付款金额。

第二，在发送现金时，若出纳要直接发放给领款人，那么须当面清点现金并让领款人签字；若是他人代为领款，那么则由代领人签字。

第三，发放现金完毕后，出纳须在付款单上加盖收讫章。

第四，制单会计根据付款单等资料编制记账凭证。

第五，出纳根据审核无误的记账凭证，登记现金日记账。

2. 预借职工差旅费

出纳在办理预借职工差旅费时，须按以下步骤进行操作。

第一，若出差人员需要预借差旅费，那么先要根据用途和金额填写借款单。

第二，办理预借差旅费的人员将借款单交由所在部门的领导和财务部门签字。

第三，由出纳审核已签完字的借款单，如表 6-4 所示，审核无误后支付现金。

表 6-4 借款单的样式

借 款 单

年 月 日

借款人部门		借款人签字	
借款金额	人民币（大写）：	人民币（小写）：	
借款用途			

企业负责人： 财务经理： 部门负责人：

第四，制单会计根据借款单资料编制记账凭证。

第五，出纳根据审核无误的记账凭证登记现金日记账。

3. 报销职工差旅费

出纳在办理报销职工差旅费时，须按以下步骤进行操作。

第一，出差后的人员，应该根据出差时实际发生的费用和时间准确填写差旅费报销单，差旅费报销单的样式如表 6-5 所示。

表 6-5 差旅费报销单的样式

差 旅 费 报 销 单

部门 年 月 日 金额单位： 元

<table>
<tr><td colspan="3">出差人</td><td colspan="3"></td><td colspan="3">出差事由</td><td colspan="2"></td><td colspan="3"></td></tr>
<tr><td colspan="3">出发</td><td colspan="3">到达</td><td rowspan="2">交通工具</td><td colspan="2">车船费</td><td colspan="2">出差补贴</td><td>项目</td><td>单据张数</td><td>金额</td></tr>
<tr><td>月</td><td>日</td><td>地点</td><td>月</td><td>日</td><td>地点</td><td>单据张数</td><td>金额</td><td>天数</td><td>金额</td><td>车船费和出差补贴</td><td></td><td></td></tr>
<tr><td colspan="3"></td><td colspan="3"></td><td></td><td></td><td></td><td></td><td></td><td>住宿费</td><td></td><td></td></tr>
<tr><td colspan="3"></td><td colspan="3"></td><td></td><td></td><td></td><td></td><td></td><td>市内车费</td><td></td><td></td></tr>
<tr><td colspan="3"></td><td colspan="3"></td><td></td><td></td><td></td><td></td><td></td><td>邮电办公用品费</td><td></td><td></td></tr>
<tr><td colspan="3"></td><td colspan="3"></td><td></td><td></td><td></td><td></td><td></td><td>其他</td><td></td><td></td></tr>
<tr><td colspan="3"></td><td colspan="3"></td><td></td><td></td><td></td><td></td><td></td><td>不买卧铺补贴</td><td></td><td></td></tr>
</table>

部门负责人： 稽核： 报销人：

第二，出差人员将差旅费报销单交由所在部门的领导和财务部门签字。

第三，出纳审核已签完字的报销单，审核无误后向出差人员支付现金。

第四，出纳根据审核无误的记账凭证登记现金日记账。

一般情况下，企业财务部门会预付给有关部门和相关职工个人一笔款项，这是为了满足企业内部部门和职工个人进行经营活动而准备的备用金，而核算备用金金额也是出纳的工作职责之一。因此，出纳须对备用金管理制度有所了解。备用金管理制度分为定额备用金制度和非定额备用金制度，其具体含义和管理要求如下文所示。

1. 定额备用金制度

所谓“定额”，即企业固定了支付给职工的现金数额，该制度能帮助各部门或职工个人摆脱烦琐的审批手续。

在实行定额备用金制度的企业里，需要使用备用金的部门或个人，需要按照核定的定额备用金填写借款单，一次性领出全部定额现金，之后凭发票等有关凭证报销。

出纳须将报销的金额补充到原定额，以此来保证部门或职工个人保持核定的现金定额。需要注意的是，待撤销定额备用金或调换经办人时才会全部交回备用金。

2. 非定额备用金制度

非定额备用金制度主要针对不经常使用备用金的部门或职工个人，即需要使用备用金的部门或个人须根据每次业务所需的金额来填制借款单。备用金使用完毕后，使用人员须凭发票等原始凭证到财务部门一次性报销，多退少补，一次结清。若下次还需要借用备用金，则需重新办理借款手续。

需要注意的是，财务部门在报销时编制的转账凭证，其借方科目应与定额备用金报销时相同，其贷方科目则为“其他应收款”。若遇到实际支出额小于预借金额的情况，出纳须编制现金收款凭证，将多借的现金收回；若遇到实际支出额大于预借金额的情况，出纳须编制现金付款凭证，将经办人员垫付的金额补齐。

实操笔记

【多选题】出纳人员的现金支付业务主要包括哪些方面？（　）

A. 支付员工工资、奖金和福利费

B. 预借员工差旅费

C. 报销员工差旅费

答案：ABC

6.4 库存现金清查业务

W 企业曾出现过一次现金侵占的事件，为避免同类事件的发生，该企业开始加强现金管理，如该企业会让出纳小胡对企业的库存现金进行定期或不定期的清查，在确定库存金额实存数时，还需要跟现金日记账的账面余额进行核对，从而查明账实是否相符及是否存在长款或短款的情况。

6.4.1 库存现金限额

出纳小胡在进行库存现金清查之前，需要对企业的库存现金限额有所了解。所谓“库存现金限额”，指的是企业保证日常零星开支，按规定允许留存的现金的最高限额。库存现金限额需要每年核定一次，经核定的库存现金限额，开户企业须严格遵守。库存现金限额核定的具体程序如下。

1. 开户企业与开户银行共同协商核定库存现金限额，其计算公式为：

库存现金限额 = 每日零星支出额 × 核定天数

2. 开户企业填制库存现金限额申请批准书。

3. 填完申请批准书后，开户企业需要将其报送给企业主管部门，主管部门签署意见后，再交由开户银行审查批准，开户企业需要以开户银行批准的限额数作为库存现金限额。

开户企业需要严格遵守核定后的库存现金限额，即每日现金的结存数不得超过核定的限额。若开户企业需要增加或减少库存限额，则需要向银行提出书面申请，经过批准后，开户企业才可进行调整，不得擅自超出核定限额来增加库存现金。

6.4.2 库存现金清查方法

出纳小胡所在的企业在进行库存现金清查时，通常会让出纳小胡每日定期清查或让清查小组进行定期或不定期的突击清查活动，其采用的主要技术方法是“实地清查法”。

从出纳小胡的角度来看，小胡每天要清点库存现金的实有数，并且要将其与现金日记账的账面余额进行核对。

从清查小组的角度来看，清查小组在清查时，出纳必须在场亲手盘点库存现金，清查小组在旁监督。并且，清查人员还需要认真审核库存现金收付款凭证和有关账簿，以此来观察出纳的财务处理是否合理合法、账簿登记有无错误，从而确定实存数与库存现金账存数是否相等。

当库存现金清查结束后，出纳小胡须填写库存现金盘点报告单，其样式如表 6-6 所示。

表 6-6　库存现金盘点报告单的样式

库存现金盘点报告单

填报企业：　　　　　　　　　　　　盘点时间：

<table>
<tr><th colspan="3">库存现金盘点</th><th colspan="2">核对现金金额</th><th colspan="2">盘点结果</th></tr>
<tr><td>面值</td><td>数量</td><td>金额</td><td>项目</td><td>金额</td><td>盘盈</td><td>盘亏</td></tr>
<tr><td>100 元</td><td></td><td></td><td>账面余额</td><td></td><td></td><td></td></tr>
<tr><td>50 元</td><td></td><td></td><td>加：收入未记账</td><td></td><td colspan="2">盘点结果要点说明</td></tr>
<tr><td>20 元</td><td></td><td></td><td>减：支出未记账</td><td></td><td colspan="2" rowspan="11"></td></tr>
<tr><td>10 元</td><td></td><td></td><td>调整后现金余额</td><td></td></tr>
<tr><td>5 元</td><td></td><td></td><td colspan="2">处理意见</td></tr>
<tr><td>1 元</td><td></td><td></td><td colspan="2" rowspan="8"></td></tr>
<tr><td>5 角</td><td></td><td></td></tr>
<tr><td>2 角</td><td></td><td></td></tr>
<tr><td>1 角</td><td></td><td></td></tr>
<tr><td>5 分</td><td></td><td></td></tr>
<tr><td>2 分</td><td></td><td></td></tr>
<tr><td>1 分</td><td></td><td></td></tr>
<tr><td colspan="2">合计</td><td></td></tr>
</table>

总经理：　　　　盘点人：　　　　监盘人：　　　　出纳：

出纳小胡在填制库存现金盘点报告单时，需要按照以下方法填写。

1. 盘点时间：小胡需要填写盘点当天的年月日以及具体的时刻。

2. 账面余额：填写现金日记账的账面金额。

3. 盘盈（亏）：清查时若账实相符则不填，若账实不符，则按照实际情况填写。

4. 合计：填写实际清查的所有金额。

5. 处理意见：由企业负责人填写意见并签名。

6. 监盘人：指的是清查小组的组长，通常情况下指的是财务负责人。

6.4.3 库存现金清查流程

库存现金的清查流程如图 6-2 所示。

1. 出纳将未入账的收付单据及时入账，并结出当日现金日记账金额。
2. 清查人员对库存现金的实有数进行盘点。
3. 清查人员核对盘点数和现金日记账余额，以此来查明账实是否相符。
4. 清查后根据清查结果编制库存现金盘点报告单。
5. 将清查的结果报给有关领导，对于账实不符的情况须按照领导批示的意见进行处理，并将其盘点报告单传递给制单会计编制记账凭证。
6. 出纳须根据审核无误的记账凭证登记现金日记账。

图 6-2 库存现金的清查流程

6.4.4 库存现金清查的注意事项

在库存现金清查的过程中，出纳小胡和清查小组还须注意以下相关事项。

1. 清查时，小胡须在现场提供相关情况的资料，积极配合清查小组的检查；清查后，清查人员需要填制库存现金盘点报告单，列出现金账存、实存和差异金额及原因，并将其及时上报给有关负责人。

2. 清查过程中，出纳人员或清查小组发现账实不符的现象，需要立即查找原因，并及时更正，不能做出“用今日长款弥补他日短款”的行为。

3. 清查结束后，需要对盘点过程中出现的问题进行进一步的审查，对于库存现金溢余或短缺的情况进行分析，并且提出处理意见。

4. 若清查人员发现出纳私设的“小金库”，那么应将其视作溢余，另行登记，等候处理。

5. 在清查过程中，若出现以个人或企业名义借款或取款而没有按手续编制凭证的白条，那么清查人员不得将其作为现金充抵。

6. 清查人员须将事先未做声明又无充分证明的代私人存放的现金暂时封存。

当清查过程中出现短款、长款问题时，出纳可以按照以下方法进行处理。

1. 短款问题：若账款有责任人，那么应将其计入其他应收款；若无法查明原因，那么就将这笔现金计入管理费用。

2. 长款问题：若账款属于应支付他人的，那么应将其计入其他应付款；若无法查明原因，那么就将这笔现金计入营业外收入。

实操笔记

【单选题】“小金库”是指（ ）。

A. 用不符合财务会计制度的凭证顶替库存现金

B. 保留账外公款

C. 将企业收入的现金以个人名义储存

D. 违反法律法规及其他有关规定，应列入而未列入符合规定的单位账簿的各项资金（含有价证券）及其形成的资产

答案：D

【老出纳点拨】内部员工借款挂支应注意的六大事项

在现金业务中，出纳常常会遇到内部员工借款的情况，若借款员工迟迟不归还备用金，且挂支的金额数较大，那么将会给企业带来较大的财务风险。

遇到这种情况时，出纳应该如何有效地应对呢？其方法是掌握以下六大注意事项。

1. 当内部人员借款时，出纳需要根据企业的管理规定来判断这名员工是否具有借现金的权限，若借款员工没有权限借款，那么出纳不予以借款；若是有权限的员工来借款，借款人需要按照规范填写借款单，在得到领导的批准后出纳才能予以借款。

2. 若出纳遇到外部人员借款或者内部人员非公务借款的情况，一律不予借款。

3. 出纳需要坚持“前不清、后不借”的原则，即内部员工需要还清以前的借款，才有资格继续报销或者借支。

4. 出纳要及时清查借款人员的借款，并且催促其尽快还款或者报销，特别是金额较大的借款，出纳须及时向领导汇报其情况。

5. 若有内部员工离职，那么出纳在员工结清借款后，才能为其结算离职工资。

6. 若试用期或者临时员工进行借款，则需要部门经理负责审核并签署视同担保的意见，总经理签准后，出纳才能借支钱款。

除了注意以上六大事项，出纳还需要在借款后，及时清点企业的备用金。一般情况下，出纳须在月末、季末清点备用金，借此机会查清借出的备用金款项，并且催促借款人及时归还钱款或者按照财务手续予以报销。若遇到确实不能归还或报销的情况，那么出纳还须写明具体的原因。

第 7 章

银行账户管理业务实操指南

一家企业要想顺利开展经营活动，需要完成银行账户的建立，并对其进行管理，只有这样才能打通企业资金流转的“任督二脉”。而出纳就是那个管理企业银行账户的关键角色，因此，掌握银行账户管理业务是一个合格出纳必做的功课。

7.1 银行账户的四种类型

企业的出纳需要清楚地了解企业的银行账户情况及其相关知识。首先，需要了解银行账户的四大类型，即基本存款账户、一般存款账户、临时存款账户和专用存款账户。

7.1.1 基本存款账户

基本存款账户是办理转账结算和现金收付的主办账户，经营活动的日常资金收付及工资、奖金和现金的支取均可通过该账户办理。

通常情况下，企业建立基本存款账户时，只能选择一家银行的一个营业机构开立一个基本的存款账户，不能同时开设一个以上的基本存款账户。

同时，企业的现金支取，如为员工发放工资、报销费用等，都只能通过基本存款账户办理。可见，基本存款账户是企业所有类型账户中最重要的账户。

7.1.2 一般存款账户

一般存款账户是指除开基本存款账户以外开立的用来办理银行结算业务的其他银行账户。相较于基本存款账户，这个账户只能办理银行的结算业务，不能支取现金，但是可以办理现金缴存业务。并且，企业可以办理多个一般存款账户。

需要注意的是，一般存款账户不能在存款人基本存款账户的开户银行开立。

7.1.3 临时存款账户

若企业临时需要在异地进行一些经营活动，那么可以办理临时存款账户。与基本存款账户相同，企业可以办理银行结算业务和现金的缴存与支取业务，但临时存款账户的开设是有时效控制的。

相关政策规定："有设立临时机构、异地临时经营活动、注册验资情况的，可以申请开立临时存款账户。"

需要注意的是，临时存款账户的有效期最长不能超过两年，若临时存款账户两年到期后，企业还需要在当地办理银行结算业务，那么就需要重新开立临时存款账户，即已经开立的临时存款账户不得续期。

7.1.4 专用存款账户

专用存款账户是指为对有特定用途的资金进行专项管理和使用而开立的银行结算账户。

若存款人存在对以下八种资金进行管理和使用的情况，那么存款人可以申请开立专用存款账户。

（1）基本建设和更新改造的资金；

（2）粮、棉、油收购资金；

（3）财政预算外的资金；

（4）企业银行卡备用金；

（5）证券交易结算基金、期货交易保证金、信托基金、政策性房地产开发资金；

（6）党、团和工会的组织机构经费；

（7）住房基金、社会保障基金；

（8）其他需要专项管理和使用的资金。

出纳
小课堂

按照是否需要中国人民银行的核准来分类，银行账户可以分为以下两大类。

1. 核准类银行账户

核准类银行账户是指经中国人民银行核准后方可开立的银行结算账户。

核准类银行账户主要有：

（1）基本存款账户；

（2）临时存款账户（因注册验资和增资验资开立的除外）；

（3）预算企业专用存款账户；

（4）中国人民银行另有规定的专用存款账户。

2. 备案类银行账户

备案类银行账户的开立只需要通过人民币银行结算账户管理系统向中国人民银行营业管理部备案即可，不需要通过中国人民银行审核。

备案类银行账户主要有：

（1）一般存款账户；

（2）非预算企业专用存款账户；

（3）个人银行结算账户。

实操笔记

【多选题】银行账户主要包括哪四种类型？（　）

A. 基本存款账户　　B. 一般存款账户

C. 临时存款账户　　D. 专用存款账户

答案：ABCD

7.2 开立银行账户

了解银行账户的类型后，出纳还需要对开立银行账户的条件有所了解。那么，企业开立银行账户需要满足哪些条件？又需要经过哪些流程？我们不妨一起来看看。

7.2.1 开立银行账户的两大条件

企业开立银行账户时，须具备以下两个条件。

1. 条件一：营业执照

企业在开立银行账户前，需要先办理工商注册登记，领取营业执照。

2. 条件二：印章

企业开立银行账户时需要用到公章、财务专用章和法人章。因此，企业领到营业执照后，需要去刻制企业的公章、财务专用章和法人章。

出纳小课堂

刻制印章并不是直接去刻章公司就能完成的。企业需要带着营业执照原件及复印件、法定代表人身份证原件及复印件、经办人身份证原件及复印件和法人授权书去当地公安局办理。

在得到公安局的批准后，企业需要去公安局指定的刻章公司刻制印章。

印章刻制完成后，企业可以去离办公地点近的银行咨询开立账户事宜。需要注意的是，对于在什么银行开立账户，企业需要考虑各种综合因素，包括不同银行的政策与特色、开立基本账户的银行网点离企业的距离等。

同时，并不是所有的银行营业网点都可以开立企业银行账户，一些银行的分支机构，因其营业网点较小，所以没有对公出纳部门，不具备为企业开立银行账户的条件。

7.2.2 开立银行账户四部曲

当企业具备以上开立银行账户的条件后，就可以去选定的银行办理开户手续了，其流程如下文所示。

1. 开立基本存款账户

一般情况下，企业办理基本存款账户时需要携带以下资料：

（1）营业执照原件及复印件；

（2）法定代表人身份证原件及复印件；

（3）若经办人不是法定代表人，那么经办人还需要携带自己的身份证原件及复印件和法人的授权委托书；

（4）刻制完成的企业公章、财务章和法人章。

出纳小课堂

没有营业执照的组织，如社会团体、民办非企业单位、外地常设机构、社区委员会等，在开具银行账户的时候，需要出具主管部门的批文或者证明。

2. 开立银行结算账户

企业开立银行结算账户时，需要在开户银行填写账户开立申请表和银行提供的其他表格，填完之后，应如实盖上印章，并将其提交给银行。

开立银行结算账户需要填写的表格有：企业银行结算账户申请书，内设机构（部门）名称开立专用存款账户申请书及人民币支付结算服务协议。

（1）企业银行结算账户申请书的样式（以中国人民银行为例）如表 7-1 所示。

表 7-1　开立企业银行结算账户申请书的样式（以中国人民银行为例）

开立企业银行结算账户申请书

<table>
<tr><td>存款人名称</td><td colspan="3"></td><td>电话</td><td></td></tr>
<tr><td>地址</td><td colspan="3"></td><td>邮编</td><td></td></tr>
<tr><td>存款人类别</td><td colspan="2"></td><td>统一信用代码</td><td colspan="2"></td></tr>
<tr><td rowspan="3">法定代表人（）
企业负责人（）</td><td>姓名</td><td></td><td rowspan="3">财务负责人 /
联系人</td><td>姓名</td><td></td></tr>
<tr><td>证件种类</td><td></td><td>联系电话</td><td></td></tr>
<tr><td>证件号码</td><td></td><td>电子邮箱</td><td></td></tr>
<tr><td>行业分类</td><td colspan="5">A（） B（） C（） D（） E（） F（） G（） H（） I（） J（）
K（） L（） M（） N（） O（） P（） Q（） R（） S（） T（）</td></tr>
<tr><td>注册资金</td><td colspan="2"></td><td>地区代码</td><td colspan="2"></td></tr>
<tr><td>经营范围</td><td colspan="5"></td></tr>
<tr><td>证明文件种类</td><td colspan="5">（ ）工商营业执照 （ ）批文 （ ）登记证书 （ ）开户证明
（ ）企业名称预先核准通知书 （ ）其他</td></tr>
<tr><td>证明文件编号</td><td colspan="5"></td></tr>
<tr><td>关联企业</td><td colspan="5">关联企业信息填列在“关联企业登记表”上</td></tr>
<tr><td>账户性质</td><td colspan="5">（ ）基本 （ ）一般 （ ）专用 （ ）临时</td></tr>
<tr><td>资金性质</td><td colspan="5">有效日期至　　年　月　日</td></tr>
</table>

表 7-2 为存款人上级法人或主管企业信息：

表 7-2　开立企业银行结算账户申请书（续 1）

<table>
<tr><td colspan="2">上级法人或主管企业名称</td><td colspan="3"></td></tr>
<tr><td>基本存款账户开户</td><td>可证核准号</td><td></td><td>统一信用代码</td><td></td></tr>
<tr><td rowspan="3">法定代表人（）
企业负责人（）</td><td>姓名</td><td></td><td></td><td></td></tr>
<tr><td>证件种类</td><td></td><td></td><td></td></tr>
<tr><td>证件号码</td><td></td><td></td><td></td></tr>
</table>

表 7-3 中栏目由开户银行审核后填写：

表 7-3 开立企业银行结算账户申请书（续 2）

<table>
<tr><td colspan="2">开户银行名称</td><td colspan="2"></td><td colspan="2">开户银行代码</td><td></td></tr>
<tr><td colspan="2">账户名称</td><td colspan="2"></td><td colspan="2">账号</td><td></td></tr>
<tr><td colspan="2">基本存款账户许可证核准号</td><td colspan="2"></td><td colspan="2">开户日期</td><td></td></tr>
<tr><td colspan="3">本存款申请开立企业银行结算账户，并承诺所提供得到开户资料真实、有效。
存款人（公章）
年 月 日</td><td colspan="2">开户银行审核意见：
经办人（签章）
银行（签章）
年 月 日</td><td colspan="2">中国人民银行审核意见：
（非核准类账户除外）
中国人民银行（签章）
年 月 日</td></tr>
</table>

若企业申请的是临时存款账户，那么在表格中必须填列有效日期；若企业申请的是专用存款账户，那么在表格中须填写资金性质。

表 7-1 中的行业分类中字母代表的行业种类为：A →农、林、牧、渔业；B →采矿业；C →制造业；D →电力、燃气及水的生产供应业；E →建筑业；F →交通运输、仓储和邮政业；G →信息传输、计算机服务及软件业；H →批发和零售业；I →住宿和餐饮业；J →金融业；K →房地产业；L →租赁和商务服务业；M →科学研究、技术服务和地址勘查业；N →水利、环境和公共设施管理；O →居民服务和其他服务业；P →教育业；Q →卫生、社会保障和社会福利业；R →文化、教育和娱乐业；S →公共管理和社会组织；T →其他行业。

表格中带括号的选项填“✓”。

申请书一式三份，填完后一份交由开户企业留存，一份交由开户银行留存，最后一份交由中国人民银行当地分支行留存。

（2）以单位名称后加内设机构（部门）名称开立专用存款账户申请书附页的格式如表 7-4 所示。

表 7-4 以单位名称后加内设机构（部门）名称开立专用存款账户申请书附页

<table>
<tr><td colspan="3">存款人名称</td><td colspan="2">内设机构（部门）名称</td></tr>
<tr><td colspan="5">账户名称</td></tr>
<tr><td colspan="5">内设机构（部门）电话</td></tr>
<tr><td colspan="5">内设机构（部门）地址</td></tr>
<tr><td colspan="5">内设机构（部门）邮编</td></tr>
<tr><td>内设机构（部门）负责人</td><td>姓名</td><td colspan="3"></td></tr>
<tr><td></td><td>证件种类</td><td></td><td>证件号码</td><td></td></tr>
<tr><td colspan="5"></td></tr>
<tr><td colspan="5"></td></tr>
<tr><td colspan="3">内设机构（部门）公章</td><td colspan="2">存款人（公章）</td></tr>
<tr><td colspan="5"></td></tr>
<tr><td colspan="3">年 月 日</td><td colspan="2">年 月 日</td></tr>
</table>

该表格的填写要求如下：

◣表格中的“存款人名称”与“账户名称”应和表 7-1“开立企业银行结算账户申请书”中的“存款人名称”与表 7-3 中的“账户名称”保持一致。

◣按照有关规定，当专用存款账户属于核准类银行结算账户时，申请书一式三份，一份交由开户企业留存，一份交由开户银行留存，最后一份交由中国人民银行当地分支行留存（上海地区交由中国人民银行上海总部留存）；当专用存款账户属于备案类银行结算账户时，申请书一式两份，一份交由开户银行留存，一份交由开户企业留存。

（3）人民币支付结算服务协议

当企业提交的申请表和资料得到了银行的批准后，银行会与企业签订“××银行人民币支付结算服务协议”。

该协议中包括使用银行账户时应该遵循的条款，和银行与企业双方都应履行的义务，其协议表格样表如表 7-5 所示（以中国建设银行为例）。

表 7-5 人民币支付结算服务协议（中国建设银行）

企业人民币支付结算服务协议

合同编号： 客户编号： 中国建设银行

甲方名称	
法定代表人姓名	
营业执照统一信用代码	
通信地址	
邮政编码	
联系电话	
传真	
其他信息	
乙方	中国建设银行股份有限公司________
负责人姓名	
经办人姓名	
通信地址	
邮政编码	
联系地点	
传真	
其他信息	

3. 填写银行要求的申请书和协议

除了填写开立企业银行结算账户申请书、人民币支付结算服务协议外，企业在申请开户的时候，还需要填写银行要求的申请书和协议。

（1）支付密码业务申请书

企业在进行银行结算时，需要使用支付密码器，而在使用这个密码器之前，企业需要填写申请支付密码的申请书并在上面盖上公章，申请书格式如表 7-6 所示。

表 7-6　支付密码业务申请书

________市商业银行支付密码业务申请书

<table>
<tr><td colspan="2">申请企业名称</td><td colspan="4"></td></tr>
<tr><td colspan="2">账号</td><td colspan="4">企业地址</td></tr>
<tr><td colspan="4">企业代码</td><td colspan="2">对应支付密码协议编号</td></tr>
<tr><td colspan="2">法定代表人</td><td colspan="2">联系电话</td><td colspan="2">邮编</td></tr>
<tr><td>经办人姓名</td><td colspan="3">身份证号</td><td colspan="2">支付密码器型号、编号</td></tr>
<tr><td rowspan="19">企业填写</td><td colspan="5">遵照与贵行签订的支付密码使用协议的规定，我企业就在贵行开的以下账户：</td></tr>
<tr><td colspan="4">1. 账号</td><td>账户性质</td></tr>
<tr><td colspan="4">2. 账号</td><td>账户性质</td></tr>
<tr><td colspan="4">3. 账号</td><td>账户性质</td></tr>
<tr><td colspan="5">因________原因，申请办理以下第　项业务：</td></tr>
<tr><td colspan="5">壹、申请使用支付密码作为支付依据办理支付结算业务。</td></tr>
<tr><td colspan="5">贰、申请对支付密码器进行注册。</td></tr>
<tr><td colspan="5">叁、申请在支付密码器上增加上述账号。</td></tr>
<tr><td colspan="5">肆、申请删除支付密码器中上述账号。</td></tr>
<tr><td colspan="5">伍、申请将支付密码器中旧账号：　　变更为上述新账号。</td></tr>
<tr><td colspan="5">陆、申请在上述同一账号下增加支付密码器，支付密码器编号为：</td></tr>
<tr><td colspan="5">柒、申请更换账号密钥。</td></tr>
<tr><td colspan="5">捌、申请重新制定签名支付密码器，支付密码器编号为：</td></tr>
<tr><td colspan="5">玖、申请支付密码器解锁。</td></tr>
<tr><td colspan="5">壹拾、申请支付密码器停用。</td></tr>
<tr><td colspan="5">壹拾壹、申请支付密码器重新使用。</td></tr>
<tr><td colspan="5">壹拾贰、申请支付密码器挂失作废。</td></tr>
<tr><td colspan="5">壹拾叁、申请停止使用密码器作为支付依据办理支付结算业务。</td></tr>
<tr><td colspan="5">壹拾肆、申请开通通兑业务。</td></tr>
<tr><td>企业法定代表人签字</td><td colspan="5">企业公章
年　月　日</td></tr>
<tr><td rowspan="4">银行填写</td><td colspan="5">银行处理情况：</td></tr>
<tr><td colspan="2"></td><td colspan="2"></td><td></td></tr>
<tr><td colspan="2">会计主管：</td><td colspan="2">经办人员：</td><td>业务公章</td></tr>
<tr><td colspan="5">年　月　日</td></tr>
</table>

该申请表通过银行的审核之后，银行会和企业签订一个支付密码使用协议，企业签名并盖章后，银行将会发放支付密码器。

需要注意的是，企业在申领支付密码器时，需要带上领取人的身份证（领取人必须与支付密码申请表的申领人一致），同时还须向银行缴纳购买支付密码器的金额。

（2）银行账户扣费协议

企业在申请开立账户时，还须和开户银行签订银行账户扣费协议，即同意开户银行从企业账户上扣取相关费用。

（3）银行对账协议

为了保证银行账户的资金安全和实施资金监督管理，企业会和开户银行签订对账协议，进行定期对账的活动，其协议格式如表 7-7 所示。

表 7-7 银行对账协议

××市商业银行对账服务协议

<table>
<tr><td>甲方：</td><td colspan="2">××市商业银行____支行</td></tr>
<tr><td>乙方：</td><td colspan="2">_______企业</td></tr>
<tr><td colspan="3">为加强银行账户管理，维护存款人利益，甲乙双方本着自愿、平等、互利的原则，定期核对银行账务的有关事宜，依据相关法律、法规达成如下协议，并承诺遵守本协议中的各项条款</td></tr>
<tr><td colspan="3">甲乙双方约定的对账方式与频率：</td></tr>
<tr><td colspan="2">1. 甲乙双方同意选择下列方式之一进行对账（在□内画 √）</td><td></td></tr>
<tr><td colspan="2">□纸质对账</td><td>即甲方打印纸式对账单及副本账页给乙方，由乙方核对后反馈纸质对账回单的对账方式。</td></tr>
<tr><td colspan="2">□电子对账</td><td>即利用电子邮件，甲方向乙方确定的电子邮箱发送电子对账单</td></tr>
<tr><td colspan="2">□电话银行对账</td><td>即乙方通过家访的客户服务中心自助办理对账业务</td></tr>
<tr><td colspan="3">2. 甲乙双方共同约定，由甲方根据乙方的账户情况，确定对账频率和对账单送达方式（留存代取或由银行送达）</td></tr>
</table>

续表

选择纸质对账方式，双方遵守下列约定：		
选择电子对账方式，双方遵守下列约定：		
选择电话银行对账方式，双方遵守下列约定：		
为保证对账的真实有效，经乙方确定，以下人员为其对账有权人（并附加盖乙方公章的身份证复印件）		
1. 联系人：________	职务：________	联系电话：________
2. 联系人：________	职务：________	联系电话：________
上述信息如有变化，由乙方以授权委托书形式在变更前通知甲方		
错账处理	乙方对账中发现错账，应及时通知甲方核实，并作相应调整	
其他事项：		
甲方（银行）	乙方（企业）	
甲方机构负责人	乙方法定代表人（负责人）	
或授权代理人	或授权代理人	
（盖章）	（盖章）	
年 月 日	年 月 日	

(4) 银行印鉴卡

填写完申请书和相关协议后，企业还需要按照银行的要求，预留财务印鉴，即在银行印鉴上盖上财务专用章和法人章。以中国建设银行的银行印鉴卡为例，如表 7-8 所示。

表 7-8　银行印鉴卡（正面）

中国建设银行	
企业全称：	NO.
企业名称：	账号：
地址：	邮编：
E-mail：	
联系人：	电话：
印模：	
启用日期：　年　月　日	注销日期：　年　月　日

4. 开立一般账户、专用账户和临时账户

企业的基本账户开立完毕后，才能开立一般账户、专用账户和临时账户。企业开立专用账户时须提供企业在当地公积金中心申请缴纳公积金的申请表；开立临时账户时还须提供开立临时账户的原因和批准文件。

实操笔记

【多选题】企业开立银行账户的两大条件是（　）。

A. 营业执照　　B. 充足的资金　　C. 印章

答案：AC

♻ 7.3 银行账户的三种管理模式

关于银行账户，出纳还应学习其管理模式，银行账户的管理模式主要分为三种，即收支两条线模式、二级账户联动模式和财务管理集中模式。

7.3.1 模式一：收支两条线模式

所谓收支两条线模式，是指收入和支出在不同的两条“线”上，即企业要将收入和支出的账户分开，开立一个及以上的收入专户和一个及以上的支出专户。

企业需要在“总企业结算中心→子企业”或在“子企业→下属分支机构或者项目部”之间进行收支两条线的管理，这种模式便于出纳管理资金的来源和收付。

7.3.2 模式二：二级账户联动模式

在启动二级账户联动模式之前，企业需要将总企业的账户设置成一级账户，并把下属企业、分支营业机构设置成二级账户。这样设置的原因在于，等级制能够更好地发挥一级账户的统驭作用。

并且，一级账户可以查询到二级账户的所有资金收付款业务。这种模式既便于一级账户集中查询经济业务，也便于不同的账户分开独立地使用资金，更适用于一些有很多异地分支机构的企业。

7.3.3 模式三：财务管理集中模式

这种模式更适合大型企业实施财务管理，其又分为两种管理模式。

1. 分级管理模式

分级管理模式主要有以下 3 个要点。

（1）总公司对子公司直接进行管理，并且对二级及子账户进行监控。

（2）各个子公司需要管理自己的下一级，并且监控自己所属的子账户。通过高级网上银行系统集中管理、调度子公司二级账户的资金，对所有账户的资金状况进行监控。

（3）子公司也要利用网上银行系统管理、调度资金，并对其账户资金状况进行监控。

2. 扁平管理模式

扁平管理模式是指总公司跳过中间岗，直接管理和监控两级子账户，将所有的财务权集中至总公司的资金结算中心的管理模式。资金结算中心可以利用网络银行系统直接管理和调度公司内部，包括子公司及其下属分支机构账户的资金，直接对所有账户的资金状况进行监控。

实操笔记

【写一写】银行账户管理有哪三种模式？请你默写出来。

7.4 银行账户的变更、迁移、合并和撤销

一切事物都处在永不停息的运动、变化和发展之中，企业也是如此，比如企业的银行账户也会根据企业的发展产生相应的变化。

7.4.1 银行账户的变更

银行账户的变更是指企业变更银行账户的名称，其变更的基本要点如下。

1. 企业的性质发生了变化

比如企业进行体制改革，所有制发生了改变，这时企业不仅要变更账户名称，还要变更账号。这种情况下，企业需要先撤销以前的账户，重新开立新的账户。

2. 企业的性质没有发生变化

这时企业就不需要变更账号，只需要变更账户名称或者法人的名称。企业需要拿着新的营业执照和印章去开户银行提出变更申请，对变更理由进行说明后，预留新的印鉴。

出纳小课堂

若企业更换印章是因为企业的法定代表人或者经理发生了改变，那么企业在提出变更申请时，还需要向银行提交人事变更通知。

7.4.2 银行账户的迁移

若企业的地址发生改变，那么企业可以向开户银行提出将账号迁往其他地方或者其他银行的申请。

银行账户的迁移有以下两种情况：

1. 同城迁移

在同一个城市进行迁移的，企业可以在获得开户银行的同意后，撤销原开户银行账户，再在新的银行开立新账户即可。

2. 异地迁移

在异地办理迁移的，企业可以先在新的地点办理新开立账户的手续，开立成功后的一个月内，结清原账户，并且注销。

7.4.3 银行账户的合并

若一家企业存在相同资金来源和相同资金性质的两个账户，或者将与另一家企业进行合并，那么可能需要合并银行账户。

银行账户的合并需要遵循以下流程：

（1）根据申请合并的理由，向开户银行出示有关证件和有关证明文件。

（2）和银行核对账户账目。

（3）将被合并的账户余额划到保留的账户上。需要注意的是，出纳要将被合并账户下剩余的支票等重要的空白结算凭证整理出来。

（4）清点无误后，将相关文件交回开户银行，若银行同意继续使用原账户，那么就可以在更改凭证账号后继续使用。

7.4.4 银行账户的撤销

中国人民银行颁布的《银行账户管理办法》规定："开户银行对一年（按对月对日计算）未发生收付活动的账户，应通知存款人自发出通知起30日内来行办理销户手续，逾期视同自愿销户。"

企业在办理销户业务时，需要提供的材料包括销户申请书、银行预留印鉴卡、剩余的支票和空白票据、经办人身份证原件及复印件、法定代表人身份证原件及复印件、法定代表人授权委托书、企业公章、工商局出具的"企业注销通知书"，以及国税注销通知书原件及复印件。

需要注意的是，若企业不再营业，可以将剩余的存款以现金的形式提出；若还在营业，那么可以将剩余的存款转到别的账户上。基本账户应是销户程序上最后撤销的账户。

实操笔记

【多选题】银行账户合并的流程包括（ ）。

A. 根据申请合并的理由，向开户银行出示有关证件和有关证明文件

B. 和银行核对账户账目

C. 将被合并的账户余额划到保留的账户上。需要注意的是，要将被合并账户剩余的支票等重要的空白结算凭证整理出来

D. 清点无误后，交回开户银行，若银行同意继续使用，那么就可以在更改凭证账号后继续使用。

答案：ABCD

【老出纳点拨】任何时候都要切忌“打白条”

出纳在工作中，常常会遇到“白条”，这里的“白条”，指的是不符合财务制度和要求的发票、票据、收款证据或者付款凭证。从财务的相关要求上来看，“打白条”是一种舞弊造假行为。

我们不妨一起来看一个“打白条”的例子：

××市国税稽查局对一家企业进行检查，检查过程中发现该企业在2018年5月，存在将一笔1200元的营业费用一张白条代替发票入账的情况。

该企业相关负责人做出辩解，其理由是那笔营销费用的支出人离职了，并且没有及时索要发票，因此，出纳在财务上就暂时用“白条”入账，之后也并未对此进行修改。

《中华人民共和国发票管理方法》规定：“会计机构、会计人员必须按照国家统一的会计制度的规定对原始凭证进行审核，对不真实、不合法的原始凭证有权不予接受，并向企业负责人报告；对记载不准确、不完整的原始凭证予以退回，并要求按照国家统一的会计制度的规定更正、补充。”国税稽查局依

据此规定对该企业处以1000元的罚款。

由此可见，出纳在任何时候，都要切忌“打白条”。对记载不准确的原始凭证应予以退回。那么，“白条”入账行为通常发生在哪些情况下呢？经过归纳，主要有以下三种。

1. 企业内部的无票行为

比如企业食堂的费用，一部分作为企业内部员工的福利，另一部分作为业务招待费，这部分的费用无法开出票据，很容易产生“白条”。

2. 企业零散的无票行为

一家企业零散的费用有很多，比如交通费、临时工费、小额维修费等，这些费用单价可能小至几块钱，因此，很多人会忽略索取正规发票的行为。

3. 企业付给个人的补偿和赔偿费用

比如企业个人的出差补助费、在个体小商店购买的各种办公用品货物费用等，这些费用本身是企业发生的费用，但由于是个人支付行为，所以在实际工作中索取发票比较困难，因此这一部分也就成了“白条”的主要源头。

作为出纳，无论“白条”的金额是大是小，都要保持警惕意识，避免因“打白条”而给企业造成不可估量的损失。

第8章

银行结算业务实操指南

银行结算是出纳工作中的一项关键业务，熟练掌握它，不仅能帮助出纳快速提升工作效率，还能有效规避结算风险。想要掌握这项业务，出纳须知晓银行结算的三大原则、票据管理、方式方法及网上银行结算的操作。

8.1 银行结算之三大原则

在银行，出纳小宇除了办理银行账户的相关业务，还需要办理银行结算的相关业务。因此，小宇还需要对银行结算的相关内容进行了解。在学习银行结算相关内容时，小宇发现，要想做好银行结算业务，首先得知道银行结算的三大原则。

8.1.1 原则一：恪守信用，履约付款

例如，A 和 B 进行经济交易，两人在互相信任的基础上，约定好了具体的交易时间和交易地点，达成了交易协议。

按照协议内容，A 根据事先约定行事，及时给 B 提供货物，而 B 也按照约定时间，给 A 打去了相应的款项，而 A、B 双方这种守信行为，为双方的长期交易奠定了基础。

因此，为了保证企业的银行结算业务能够顺利进行，付款企业和收款企业需要恪守信用，履约付款。若环节中的有一家企业不按约定办事，那么就会给企业的银行结算业务的进行带来阻碍。

8.1.2 原则二：谁的钱入谁的账，由谁支配

银行相当于结算业务中的“中介机构”，银行在为客户办理结算业务的过程中，必须保护客户资金的所有权和自主支配权不受侵犯。

例如，A 客户委托银行将钱转给 B，那么银行就需要把钱转到 B 的账户中，不能转到 C 的账户中。同时，A 对自己存在银行的存款是拥有自主支配权的，其他人或企业不得随意支配。若银行违背该原则，那么企业有权让银行承担相应的损失。

出纳
小课堂

除国家法律规定的要求外，银行不得代任何企业查询、扣款，不得停止各企业存款的正常支付。

8.1.3 原则三：银行不得垫付

一般情况下，银行只提供结算服务，即负责将A企业的款项转到B企业的账户中。若银行给A企业垫支款项，那么这就意味着结算的性质发生了转变，即从结算范畴变为信贷范畴，在这种情况下，银行会扩大信贷规模和货币投放。

基于以上情况，《支付结算办法》规定银行不得为企业垫付钱款。在结算过程中A企业只能用自己的存款余额来支付B企业的款项。

实操笔记

【单选题】以下哪项不是银行结算的三大原则？（ ）

A. 恪守信用，履约付款

B. 谁的钱入谁的账，由谁支配

C. 结算账户内要有足够的资金

D. 银行不得垫付

答案：C

8.2 银行结算之票据管理

在实际业务中，银行结算的票据管理是比较重要的一部分内容，并且对于出纳小宇而言，这部分内容的掌握难度较大。要想很好地掌握这部分内容，出纳小宇首先要重点了解银行票据使用过程中的一些常见风险。

8.2.1 使用银行票据的常见风险

票据风险意识是出纳的必备意识之一，如果票据出现了问题，对个人或企业而言，损失都是巨大的。

经过归纳，票据存在的常见风险主要有以下 5 种。

1. 票据的变造

票据的变造是指未经授权或无权变更票据内容的人，擅自变更票据的行为。这种行为会影响当事人的利益，从而引起票据风险。

2. 票据的伪造

与变造不同的是，伪造是指假借他人名义签发票据的行为，是“无中生有”的一种行为。例如，伪造出票人的印章、签名等。

票据一旦伪造成功，在流通转让过程中是很难被发现的，一般情况下，只有当票据到期、持票人向付款人提示付款时，伪造的票据才会被发现。若债务人未及时发现票据是伪造的，那么这张票据就会牵连到很多人。

伪造的票据被查出后，将被视为无效，其所造成的损失需要由伪造者来承担。若发现不及时，即便最后伪造者被抓住，企业也往往无力弥补损失。

在这种情况下，很多国家出台了相关规定，即在被伪造的票据上签有真正签名或盖章的人，仍须按照票据的有关规定负相关责任。在这样的规定下，第一次为票据进行背书的人就要承担票据全部责任，若不能从伪造者那里讨回欠款，那么就只能自己承担这部分的损失。

3. 票据欺诈

票据欺诈的类型主要分为以下两种，如图 8-1 所示。

图 8-1　票据欺诈的两大类型

4. 重大过失

某企业的出纳在受理乙方伪造的支票时，明知道乙方不可能有巨额的支票，但却没有继续追究，而是为乙方办理了相关业务，最终因支票问题使企业遭受损失，这就是所谓的“重大过失”。

出纳小课堂

支票的种类：

现金支票：支票上印有“现金”字样的为现金支票。

转账支票：支票上印有“转账”字样的为转账支票。

需要注意的是，转账支票只能用于转账，未印有“转账”或“现金”字样的普通支票既可以用于支取现金，也可以用于转账。

由此可见，若出现重大过失，问题主要出现在财务人员的身上，若财务人员能严格核查，就不会产生这样的风险。

5. 票据的权利存在缺陷

这种情况主要是指票据持有人通过欺诈、胁迫、暴力、盗窃等手段，或者以不合法的支付对价，在票据的流通转让过程中违反诚信原则而取得票据的行为。遇到持票人的票据权利存在缺陷的情况，出纳若明知其权利有缺陷，却仍然接受，那么出纳的行为就属于恶意取得。

8.2.2 银行结算风险的防范措施

针对上文中提到的 5 种风险，可以采取以下措施来进行防范。

1. 出纳严格遵循结算纪律

实际工作中，出纳需要做到：

（1）不得套取银行信用；不准随意出租、出借企业账户；不准随意签发空头支票和远期支票。

（2）在办理银行结算时，需要严格遵守银行结算办法的规定。

（3）若遇到允许背书转让的票据因不获付款而遭退票的情况，那么出纳可以对出票人、背书人及其他债务人行使追票权，其票据的各债务人对持票人负连带责任。

（4）若出纳在办理银行结算时，因票据填写错误而影响资金使用，或者由于自己保管不善，导致票据、印章丢失，自己需要承担责任。

（5）若出纳违反银行结算的规定和纪律，情节轻的会受到银行给的经济处罚，情节严重的会被停止使用银行结算的权力。

2. 企业加强管控措施

在实际工作中，企业需要做到：

（1）建立支票保管制度。企业要安排相关人员将所有支票存放在专门的地点，并且要分别存放与专门保管预留银行印鉴、支付密码器等物品，从而规避物品丢失、被盗的风险。

（2）建立支票领用制度。企业应规定出纳在领用支票时，需要填写支票领用表和支票领用单，并且要得到有关领导的批准。企业还应规定出纳不得携带盖好印鉴的空白支票外出，但遇到无法确定采购金额的情况时，出纳须得到领导同意后才可签发空白支票，并且出纳还要填写空白支票签发登记簿。企业还应要求出纳需要根据领导批准的支票领用单签发票据，一旦出现支票遗失的情况，出纳需要向银行办理挂失且通知银行和收款企业。

（3）建立收支支票审查制度。企业收款时，须规定收到支票后的发货时间，以留出足够的时间将收支支票提交银行，防止不法分子诈骗。

8.2.3 银行结算票据的填写

结算票据的填写也属于管理中的一项内容，其具体步骤如图 8-2 所示。

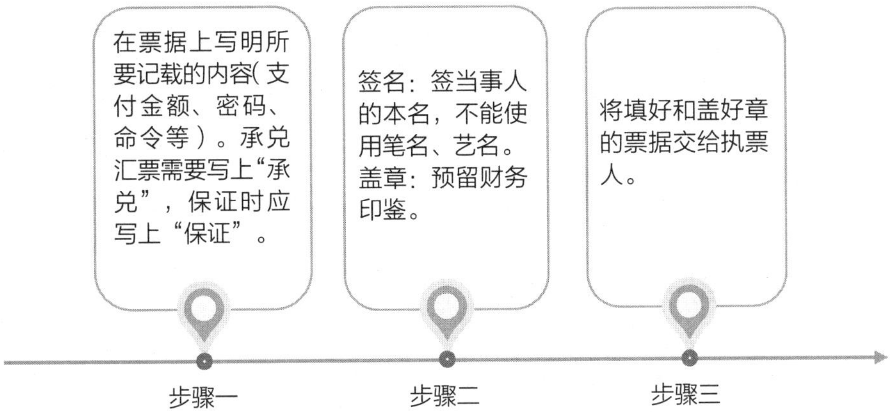

图 8-2 结算票据的填写步骤

银行结算票据的填写要求可以参考 3.4 节的内容。

实操笔记

【写一写】银行结算的常见风险有哪些？请你默写下来。

8.3 银行结算之方式方法

上文中所讲的内容，都是银行结算中的基本知识，在本节，我们将介绍银行结算的方式方法。由于银行结算票据的种类很多，因此其结算方式也较多。通常情况下，银行结算的方式主要分为支票结算，银行本票结算，银行汇票结算，商业汇票结算，汇兑结算，委托收款结算，信用卡、信用证结算，异地托收承付结算这 8 种。

8.3.1 方式一：支票结算

作为最常见的一种支付结算票据，支票的结算方式是十分重要的。在上节中，我们曾提到支票的种类，那么对于出纳而言，怎样去领购和签发、填制支票呢？这正是我们下面所要讲的重点内容。

1. 领购支票

出纳在开户银行领购支票时，需要填写票据和结算凭证领用单，在领用单上写清楚购买的支票种类和张数，并加盖预留银行印鉴，此时，银行会从企业的存款中扣去支票购买的费用。

拿到购买的空白支票时，出纳需要仔细核对张数和支票的起始号码，同时还要检查票面是否存在损伤、模糊等情况，一旦发现问题，应立即交还银行并予以更正。

当进行银行账户的合并或注销业务时，所有的空白支票都要交回银行注销。现金支票的样式如图 8-3 所示（以中国农业银行为例），转账支票的样式如图 8-4 所示（以中国银行为例）。

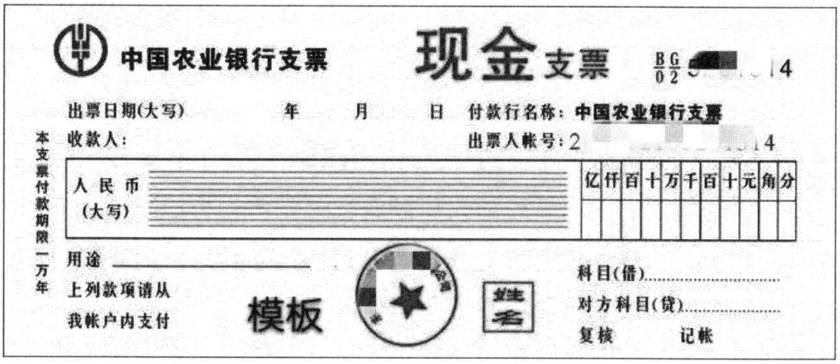

中国农业银行支票 现金支票

出票日期(大写) 年 月 日 付款行名称：中国农业银行支票

收款人： 出票人帐号：

本支票付款期限一万年

人民币（大写）

亿 仟 百 十 万 千 百 十 元 角 分

用途

上列款项请从我帐户内支付

模板

姓名

科目(借)

对方科目(贷)

复核 记帐

图 8-3　现金支票样式（以中国农业银行为例）

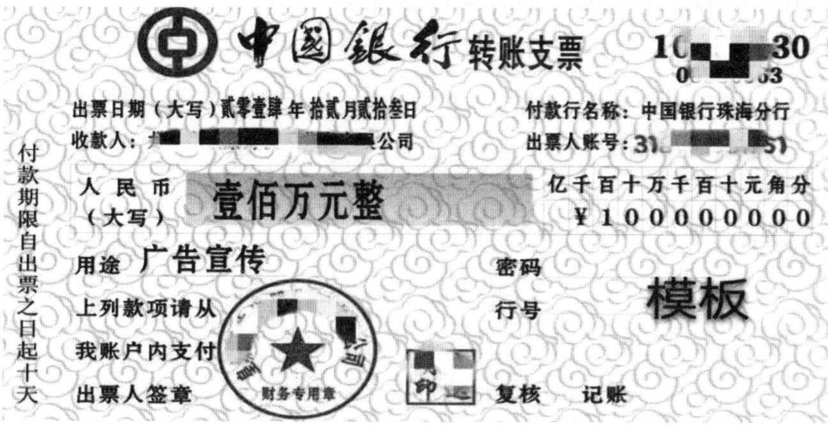

中国银行 转账支票

出票日期（大写）贰零壹肆年拾贰月贰拾叁日 付款行名称：中国银行珠海分行

收款人： 公司 出票人账号：

付款期限自出票之日起十天

人民币（大写）壹佰万元整

亿 千 百 十 万 千 百 十 元 角 分

¥ 1 0 0 0 0 0 0 0 0

用途 广告宣传 密码

上列款项请从我账户内支付 行号

模板

出票人签章 财务专用章 复核 记账

图 8-4　转账支票样式（以中国银行为例）

2. 签发填制支票

出纳在签发填制支票之前，需要仔细检查银行存款的账面余额，从而防止签发超过存款余额的空头支票。对于出纳签发的空头支票，银行除了退票外，还需要按照票面金额处以 5% 但不低于 1000 元的罚款。

出纳签发支票时，须使用黑色墨水笔，将支票上的要素填写齐全，并加盖预留银行印鉴，其步骤如下。

（1）按从左到右的顺序填写，填制人员需要用大写中文填写出支票当日的时间。

（2）填写收款人的名称和人民币的金额（书写规范见 3.4 节内容）。

（3）填写用途及密码。

（4）填写存根、备注、出票日期、收款人名称、金额和用途等要素，并交由财务主管和会计签字。

（5）加盖预留印鉴，沿着虚线将左边的存根联（加盖财务专用章）和右边的票据联拆开。并将票据联交给持票人，存根联作为存根使用。

完成支票的填制后，出纳还需要填制银行进账单，将进账单和支票填好后一起交给开户银行。银行进账单的填写内容包括：办理业务当天的日期、出票人和收款人的全称、账号和开户银行、人民币金额。

需要注意的是，银行进账单分为一联、二联和三联。企业的转账业务发生时，银行会将第一联（回单）退还作为做账的凭证；将第二联（贷方凭证）给银行保存；将第三联（收款通知）转交给企业。

无论是支票还是进账单，其填写都不能有错别字，不能涂改，若出现错误，那么整张单据须重新填写。同时，出纳在开支票时，首先要看账户里有没有足够的金额，若账户的钱不够，支票却开出了，那么就成了“开空头支票”，一旦发生这种情况，既会影响企业信誉，又会给企业造成损失。

3. 收支票

在实际操作中，对于以下类型的支票，出纳不要收取：

（1）无签名和章印的支票；

（2）签名和印章模糊不清的支票；

（3）用指印代替名章的支票；

（4）数字金额填写不规范的支票。

需要注意的是，印鉴颠倒的支票是有效的；在改错或者模糊的印鉴上打“？”，并加盖正确的印鉴的支票也是有效的。

8.3.2 方式二：银行本票结算

申请人将款项交存银行，由银行签发承诺自己在见票时无条件支付确定的金额给收款人或者持票人的票据叫作银行本票。

银行本票结算的优势在于：见票即付，信誉高，支付功能强。银行本票分为定额本票和不定额本票两类票据。

需要注意的是，银行本票的付款期限为自出票日起的两个月内，银行须在付款期限内见票即付，超过期限的，需要在票据失效期内向出票银行做出说明，并提供相关材料请求银行付款。

8.3.3 方式三：银行汇票结算

银行汇票是指汇款人将款项交存当地出票银行，由出票银行签发的，在见票时按照实际结算金额无条件支付给收款人或持票人的票据。

这种汇票方式的优势在于：使用灵活，票随人到，兑现性强。这种方式较适用于钱货两清的交易。

银行汇票拥有转账和支取现金的功能，其付款期限为自出票日起的 1 个月内，超出期限不获付款的，持票人需要向出票银行做出说明，并持相关材料请求出票银行付款。

在支付购货款等款项时，出纳需要填写银行汇票申请书，银行受理申请书和款项后，签发银行汇票，并将银行汇票和解讫通知交给汇款人。

8.3.4 方式四：商业汇票结算

由出票人签发，委托付款人在指定日期内无条件支付确定的金额给收款人或者持票人的票据叫作商业汇票。

根据承兑人的不同，商业汇票可以分为商业承兑汇票和银行承兑汇票。

出纳小课堂

商业承兑汇票：由银行以外的付款人承兑。

银行承兑汇票：由银行承兑或由在承兑银行开立存款账户的存款人签发。

8.3.5 方式五：汇兑结算

所谓汇兑，是指汇款人委托银行将款项支付给收款人的结算方式，主要分为信汇、电汇两种方式，目前采用电汇方式的较多，该结算方式的主要步骤如下：

（1）填写出票的日期；

（2）填写汇款人和收款人的名称、银行开户行名称、银行账号、汇款金额、支付密码和用途；

（3）电汇凭证是多联的，银行记账凭证的那一联须加盖财务印鉴；

（4）出纳将电汇凭证交给开户银行，委托银行把款项汇往收款行，收款行收到金额后，将其支付到收款人的银行账户中；

（5）银行审核电汇凭证无误后，在回单联上盖章，并收取电汇业务的费用。

8.3.6 方式六：委托收款结算

所谓委托收款，即收款人委托银行向付款人收取款项的结算方式，主要分为邮寄和电报划回两种方式。

公用事业单位向用户收取水电费、邮电费、煤气费、公房租金等劳务款项及其他应收款项可使用委托收款结算的方式进行结算。

8.3.7 方式七：信用卡、信用证结算

信用卡分为企业卡和个人卡，是指商业银行分别向企业和个人发行的，向特约企业购物、消费和向银行存取现金，且具有消费信用的卡片。

信用证则是指开证银行应申请人的要求并按其指示向受益人开立的载有一定金额的，在一定期限内符合规定的单据付款的书面保证文件。

需要注意的是，企业的信用卡不得用于10万元以上结算和现金支取，持卡人不得恶意透支信用卡。

8.3.8 方式八：异地托收承付结算

根据购销合同由收款人发货后委托银行向异地购货企业收取货款，购货企业根据合同对单或对证验货后，向银行承认付款的结算方式叫作托收承付。这种结算方式适用于进行合法的商品交易及因商品交易而产生劳务供应款项的结算，企业代销、寄销、赊销商品的款项不得办理托收承付结算。

其适用的企业有：国有企业、供销合作社及经营管理较好并经开户银行审查同意的城乡集体所有制企业。

出纳
小课堂

《支付结算办法》规定，托收承付结算每笔的金额起点为1万元，新华书店系统除外，其每笔的金额起点为1000元。

实操笔记

【写一写】银行结算的方式有哪些？请你默写下来。

8.4 最便捷的银行结算模式：网上银行结算

自网上银行出现后，出纳小韩开始学习网上银行的业务操作，这样小韩就不用亲自到银行办理业务，只需要在公司动动鼠标和键盘，就能轻松地完成结算业务。可见，出纳通过网上银行办理银行结算业务是比较便捷的。

8.4.1 网上银行的四大实用功能

网上银行具有以下四大实用功能。

1. 对账功能和账户管理功能

出纳小韩可以通过网上银行进行对账和账户管理。例如，小韩所在的企业有子公司，那么小韩就可以直接在网上对子公司的银行账户进行监管。

2. 账户查询功能

以前，小韩要想查询企业账户的钱款，还需要跑到银行去查询。如今，小韩在联网的电脑上就能查到账户的余额、明细账、等待进行的交易等信息，方便又快捷。

3. 转账汇款和缴费支付功能

小韩按照业务要求，需要给 A 企业转账汇款，他可以通过网上银行直接转账缴费，不用去银行排队办理。

4. 代发代扣功能

小韩在发放企业员工工资时，将核对无误的工资卡号和工资金额输入电脑后，银行可以自动从企业的存款中代扣，将工资发送到员工的工资卡上。

8.4.2 网上银行的申办方法

每个企业网上银行业务使用情况不同，其网上银行的申办方法也有所不同。

1. 从未开通网上银行业务的企业

这种企业要向银行提供营业执照、法定代表人身份证及公章等要件，在开户行会计柜台填写申请表后，企业签署网银协议就能轻松开通网上银行。

出纳小课堂

通常情况下，银行会给企业发放专用的网银盾，即电子密钥或者证书载体，这样能够保证账户资金的安全。

2. 申请过网上银行业务的企业

申请过网上银行业务的企业须将开户资料带到相应的开户行会计柜台，并填写申请表，这样就能追加账户。

3. 开通不同网银功能

例如，出纳在开通代收代付功能时，须填写“×× 银行企业网上银行代收代付业务申请表”，在签署“人民币结算协议”时勾选网银银行代收代付功能，并带相关资料到会计柜台办理。

4. 追加其他法人企业账户

这种情况可能会在拥有子公司或者分支机构的企业发生，该企业法人的授权书需要提供给银行。

出纳小课堂

网上银行业务操作的三大内容：

1. 网银的初始设置；
2. 转账操作（设置转账流程、公对公转账、审批公对私转账）；
3. 网银操作过程中出现问题的处理方式。

以上业务操作内容是出纳所要学习的，出纳还须根据实际情况，按照不同银行的流程来具体操作。

实操笔记

【多选题】网上银行具有哪些功能？（　）

A. 对账功能和账户管理功能　　B. 账户查询功能

C. 转账汇款和缴费支付功能　　D. 代发代扣功能

答案：ABCD

【老出纳点拨】支票遗失、被盗后的补救方法

2019 年 2 月，×× 旅游企业签发了一张 7 万多元的支票，出票日期为 2019 年 2 月 6 日，支票限期为 10 天。2 月 14 日，该旅游企业被盗，支票也被盗走。2 月 16 日，该支票被人兑付。后旅游企业将银行告上法庭，认为支票期限已到，银行不应该给抢票人兑现支票金额，并且银行没有查询取款人信息，导致企业损失惨重，要求银行进行全额赔偿。

法院经过审理，认为该诉讼请求无效，其理由是，银行支票期限是从下一天开始计算的，若最后一天是周日或者法定节假日，次日则为最后一天，所以，该支票的兑换没有超过法定期限，银行根据支票支付金额，也没有违反《中华人民共和国票据法》的相关规定。

通过这个案例我们可以看出，该企业的支票被盗后，并没有及时采取补救措施，最后导致损失惨重。可见，遇到支票遗失、被盗的情况时，企业需要立即向银行申请挂失，具体的做法有以下 3 点：

（1）出具公函或有关证明，证明自己企业的支票已经丢失。

（2）填写两份挂失申请书，并加盖银行预留印鉴，向开户银行申请挂失止付。

（3）若开户银行确认该支票没有被支付，那么需要向企业收取一定的挂失手续费，办理挂失业务，并用红笔标注支票号码及挂失的日期。

若企业能在支票遗失、被盗后做好补救，就可以很好地避免企业的资金损失；若因未挂失而导致企业损失惨重的，均由失票人自行承担责任。

第9章

工商、税务业务实操指南

在中小企业里，出纳需要对接相应的工商、税务业务，如企业的注册与年度报告公示、纳税申报、税费的核算等。工商、税务业务通常有严格的办理流程，若出纳不能按照相关法律法规来对接业务，不仅会导致业务办理不顺，甚至有可能给自身或企业带来损失。

9.1 出纳对接的工商业务

在日常工作中，出纳要对接一些工商业务，如企业注册，企业年度报告公示，企业注册资本的变更登记，企业的合并、分立和解散清算和破产清算等。

9.1.1 企业注册

在企业注册期，出纳需要掌握以下与注册有关的知识。

1. 注册要求

不同类型的企业，对应的注册要求有所不同，具体如下。

有限责任公司

股东：符合法定人数，由 2 个以上 50 个以下股东共同出资，且最新政策规定股东的首次出资比例和缴足出资的期限不再有限制；公司章程由股东共同制定。
公司名称：确定名称，建立符合有限责任公司要求的组织机构。
生产经营：要有固定的生产经营场所和必要的生产经营条件。

股份有限公司

出资：主要采取募集方式设立公司，必须通过国务院授权的部门或者省级人民政府的批准。注册资本为在公司登记机关登记的实收股东总额，且最新政策规定股东的首次出资比例和缴足出资的期限不再有限制。
发起人：2 人以上 200 人以下，其中须有过半数的发起人在中国境内有住所。股份有限公司发起人必须按照法律规定认购其应认购的股份，并承担企业筹办事务。

国有独资公司

由国家单独出资，并由国务院或者地方人民政府授权本级人民政府国有资产监督管理机构履行出资人职责的有限责任公司。

一人有限责任公司

股东：只有一个自然人股东或一个法人股东。一人有限责任公司股东应当一次足额缴纳出资的规定已取消。

私营合伙公司

合伙人：两个以上的合伙人，并且都是依法承担无限责任者，应具有完全民事行为能力，从事营利活动的人不得成为合伙企业的合伙人。合伙人之间有书面合伙协议，并且每个合伙人要有实际缴付的出资。合伙人成立的公司要有名称。
生产经营：要有生产经营场所和从事合伙经营的必要条件。

个体工商户

申请人员：有经营能力的城镇待业人员、农村村民、国家政策允许的其他人员，都可以申请从事个体工商业经营，申请人员必须具备经营项目相应的资金、经营场地、经营能力及业务技术。

个人独资公司

投资人：为自然人，要有合法的公司名称，有投资人申报的出资。
生产经营：要有固定的生产经营场所和必要的生产经营条件，要有必要的从业人员。

需要注意的是，自 2013 年起，除法律法规另有规定的外，有限责任公司的最低注册资本 3 万元、一人有限责任公司的最低注册资本及股份有限公司的最低注册资本 500 万元的限制已取消。

2. 注册程序

企业在注册前，需要提供企业材料和个人材料。

（1）企业材料：注册资金、拟注册的企业名称、企业的经营范围、注册地址的房产证和租赁合同。

（2）个人材料：身份证、居住地址、联系电话、法定代表人户口本复印件或户籍证明。

企业的注册流程如下。

（1）核准名称。企业需要确定企业类型及名称，并向工商局递交名称（变更）预先核准申请书，审核通过后，领取企业名称预先核准通知书。

（2）提交材料。核名通过后，企业需要确认地址信息（向工商局出示房产证或居住证，若是租用房，则应由房东提供房产证复印件）、高管信息、经营范围，并在线提交预申请。当线上预审通过之后，企业可以按照预约时间去工商局递交申请材料。

（3）领取执照。出纳需要携带准予设立登记通知书、办理人身份证原件，到工商局领取营业执照正、副本。

（4）刻章。携带营业执照到公安局指定刻章点刻公章、财务章、合同章、法人代表章、发票章等。至此，一个企业的注册完成。

9.1.2 企业年度报告公示

2014 年之前，企业需要每年进行年检，企业年检指的是工商行政管理机关依法按照年度对企业进行检查，确认企业具备继续经营资格的法定制度。

但从 2014 年 2 月 19 日开始，国家工商总局发出通知：自 3 月 1 日起正式停止企业年度检验制度，要求各级工商机关抓紧做好企业年度报告公示制度等一系列新制度的实施准备工作。

此举意味着企业工商年检制度将正式告别历史舞台，根据国务院出台的《注册资本登记制度改革方案》，企业年度报告公示制度（即网上申报）正式取代企业年检制度。

9.1.3 企业注册资本的变更登记

根据《中华人民共和国公司登记管理条例》的相关规定，变更注册资本的企业，需要提交具有法定资格的验资机构出具的验资证明。增加注册资本的企业，需要当自股款缴足之日起 30 日内申请变更登记。企业申请变更登记时，需要向工商局提供下列文件。

（1）企业法定代表人签署的变更登记申请书。

（2）股东会决议（打印、股东签章）。

（3）企业变更登记事项涉及修改企业章程的，应提交由企业法定代表人签署的修改后的企业章程或企业章程修正案。

（4）按照法律、行政法规或者国务院决定规定在登记前须经批准的变更登记事项，还应向企业登记机关提交有关批准文件。

（5）涉及股权转让和交换的需要新旧股东签订转让合同书。

（6）变更后股东是夫妻的，需要进行夫妻财产分割证明的补签。

9.1.4 企业的合并、分立、解散清算和破产清算

本小节将介绍企业的合并、分立、解散清算和破产清算业务的办理流程与方法。

1. 企业的合并

企业合并的程序为：做出合并决议→签订合并协议→编制资产负债表→通知债权人→办理合并登记手续。

企业合并主要分为吸收合并和新设合并这两种形式。前者的接纳方需要在工商机关办理变更登记，加入方需要办理注销登记；后者的合并双方需要设立一个新的企业，当合并双方解散时，需要办理注销登记。

采取吸收合并形式的存续企业办理变更登记时，需要提供以下材料。

（1）法定代表人签署的企业“一照一码”登记申请表。

（2）各方签署的关于企业合并的合并协议，其内容主要包括：合并形式，协议各方的名称、住所、法定代表人，合并后企业的名称、住所、法定代表人，注册资本，各方债权、债务的承继方案，违约责任，解决争议的方式，签约日期、地点，其他事项等。

（3）各方企业股东会或股东大会关于企业合并的决议。

（4）合并后的企业章程。

（5）公开发行的报纸登载的公告报样。

（6）合并后的验资报告。

（7）因合并而注销的合并方的注销证明。

（8）因合并涉及登记事项发生变化而应当提交的文件、证件。

（9）指定（委托）书。

采取新设合并形式的企业，除提交上述材料外，还需要提交股东的资格证明、企业设立登记申请书、预核准名称投资人名录表及企业名称预先核准通知书。

2. 企业的分立

企业分立主要分为以下两种形式。

（1）派生分立

派生分立是指企业以其部分资产另设一个或数个新的企业，原企业存续的一种形式。

（2）新设分立

新设分立是指原企业解散，企业全部资产分别划分为两个或两个以上的新企业的形式。《中华人民共和国合同法》规定："当事人订立合同后分立，除债权人和债务人另有约定的以外，由分立后的法人或者其他组织对合同的权利和义务享有连带债权，承担连带债务。"

3. 企业解散清算和破产清算

企业解散是指已经成立的企业基于一定的合法事由而使企业消失的法律行为，其解散的原因分为一般解散与强制解散。

企业解散时，需要进行清算，其程序为：成立清算组→清理财产、清偿债务→分配剩余财产→清算终结。

若企业破产，那么需要进行破产清算。在《中华人民共和国公司法》中，破产清算是指处理企业破产时债务清偿的一种法律制度，其清算的工作程序十分复杂，具体步骤为：人民法院宣告破产→组建清算组→接管破产企业→处理善后事宜→编制破产财产分配方案→清偿债务→报告清算工作→提请终结破产程序→追究破产责任→办理注销登记→追回非法处分的财产。

实操笔记

【写一写】企业在进行注册资本的变更登记时，需要提供哪些文件？请你默写下来。

9.2 企业年度报告公示的内容及操作方法

在出纳老纪几十年的工作生涯中，每一年他都要办理企业的年检业务，从手工申报年检到网上年度报告公示，老纪不禁感叹时代的进步。那么，企业年度报告公示的内容及操作方法到底是怎样的呢？让我们一起在本节中寻找答案。

9.2.1 企业年度报告公示的内容

《注册资本登记制度改革方案》规定："企业应当按年度在规定的期限内，通过市场主体信用信息公示系统向工商机关报送年度报告，并向社会公示，任何单位和个人均可查询。"其年度报告的内容如下文所示。

（1）股东或出资人出资及提供合作条件的情况。

（2）企业登记事项执行和变动情况。

（3）企业设立分支机构的情况。

（4）企业对外投资是否符合规定。

（5）企业生产经营是否合法。

出纳小课堂

企业需要对提交的年度报告的真实性和合法性负责，工商机关可以对企业年度报告公示内容进行抽查。若检查发现企业年度报告有隐瞒真实情况、弄虚作假的情况，工商机关可依法予以处罚。

对没有按照规定期限公示年度报告的企业，工商机关须将其记录到经营异常名录中。在3年内履行年度报告公示义务的企业，可以申请恢复正常记载状态；超过3年未履行的企业，工商机关将其永久列入严重违法企业"黑名单"。

9.2.2 企业年度报告公示的操作方法

随着网络的不断发展，工商系统推出了企业年度报告公示系统，以此替代企业年检，这种方式给出纳带来了便利，其操作流程主要如下。

1. 登录

输入网址 http://www.gsxt.gov.cn/index.html，或者直接在网页上搜索“国家企业信用信息公示系统”，登录国家企业信用信息公示系统。

2. 注册

登录之后，点击网页下方的“企业信息填录”，并填报企业所在的地区。

以上操作结束后，出纳就可以进行注册工作了，首先要进行联络员注册，输入“统一社会信用代码 / 注册号”（通常是企业的税号）。然后依次填报法人代表姓名、身份证号及联络员姓名、身份证号和电话，完成注册。

3. 填报年度报告

出纳登录已注册的账号，在新的界面点击“年度报告在线填录”，即可进行年报的填制。需要注意的是，个体户和农民专业合作社登录后，没有“其他自行公示信息填报”这一栏。

首先选择固定年限的年度报告，勾选填写须知的下方“已阅”，点击确定。然后根据提示填写基本信息并保存，再填写营业额或营业收入、纳税总额并保存。若企业有相关许可证书，可添加许可证书并保存。最后录入党建信息和团建信息并保存，审核无误后点击“提交并公示”即可。

实操笔记

【写一写】企业年度报告公示的流程是怎样的？请默写下来。

9.3 出纳对接的税务业务

出纳明明在D企业上班，由于D企业刚成立，其企业人数还较少，因此，除了日常业务，明明还需要负责办理企业的报税业务，如D企业的开业税务登记、变更税务登记、注销税务登记、纳税申报等工作。

9.3.1 开业税务登记

按照相关规定，从事生产、经营活动的纳税人，在领取营业执照之日起30日内，需要向税务机关申报办理税务登记。税务登记分为开业税务登记、变更税务登记和注销税务登记。首先，我们一起来看看开业税务登记业务应该如何办理。

1. 提出书面申请报告，并提供相关的证件资料

如有关章程，营业执照，合同，协议书，法定代表人或业主居民身份证、银行账号证明、护照或回乡证等其他合法证件，以及总机构所在地国家税务机关证明和税务机关要求提供的其他有关证件资料。

2. 填报税务登记表和注册登记表

在领取税务登记表和注册登记表后，出纳应当按照规定如实填写相关内容，填写完成后，经法定代表人签字并加盖企业印章，最后将这两个表报送主管国家税务机关。需要注意的是，企业在外地设立的分支机构或者从事生产、经营的场所，还需要按照规定内容逐项如实填报总机构名称、法定代表人、地址、财务负责人、主要业务范围等信息。

3. 领取税务登记证件

出纳将税务登记表填写正确，有关证件、资料准备齐全后送至主管税务机关审核。经主管税务机关审核后，逐级上报，核准登记后，出纳按主管税务机关通知的期限，持单位介绍信、税务登记工本费收据，向主管税务机关领取税务登记证件。

9.3.2 变更税务登记

若开业税务登记办理后，其登记内容发生变化，则企业必须申报办理变更税务登记。登记的内容包括：企业名称，法定代表人或业主姓名及其身份证、护照或者其他合法证件的号码，登记注册类型，住所、经营地点，生产经营的方式、期限和范围，生产人数，营业执照号码，注册资金（资本），投资总额，注册资本金账户的开户银行和账号，财务与负责人、办税人员的联系电话，企业隶属关系、生产经营权属，进出口经营批准文号及其他有关事项。

若纳税人由于税务登记的内容发生变化需要变更税务登记，且工商登记变更内容与税务登记变更内容相一致，那么自工商机关办理变更登记之日起30日内，纳税人须持有关证件向原税务登记机关填报税务登记变更表，同时还应提交税务登记机关发放的原税务登记证件、工商变更登记表及营业执照（注册登记执照）复印件和税务登记机关要求提供的其他有关资料。

不需要在工商机关办理登记，由于税务登记内容发生改变需要办理变更登记的，或者在工商机关办理注册登记，但变更税务登记与工商登记内容无关的，纳税人应当自有关机关批准或宣布变更之日起30日内，向原税务登记机关填报税务登记表，并提交税务登记机关发放的原税务登记证件、变更内容的决议及有关证明材料和税务登记机关要求提供的其他有关资料。

9.3.3 注销税务登记

出纳小课堂

◣发生破产、解散、撤销及其他依法应当终止履行纳税业务的情况的纳税人，需要自有关机关批准或者宣布终止之日起15日内持有关证件申请办理注销税务登记。

◣因变动经营地点、住所而涉及改变主管国家税务机关的纳税人，应当在向工商行政管理机关或者其他机关申请办理变更或注销登记前或者住所、经营地点变动前，向原税务机关申报办理注销税务登记，并在30日内向迁达地税务机关申报办理税务登记。

◣被工商行政管理机关吊销营业执照的纳税人，需要自营业执照被吊销之日起15日内申请注销税务登记。

注销税务登记的要求是：纳税人需要向原主管国家税务机关提供税务登记证正、副本，未使用的发票，发票领购簿，发票专用章及其他证件。同时还要缴清应纳税款、滞纳金和罚款。

办理注销税务登记手续时，纳税人需要领取三份注销税务登记表，填写表格内容并盖章后，自领取注销税务登记表之日起10日内报送主管国家税务机关，经核准后予以注销。

9.3.4 纳税申报

出纳在进行纳税申报时，需要遵循以下流程。

1. 备齐会计资料

会计资料是企业纳税的重要依据，出纳应该备齐需要用到的会计资料，避免报税时走弯路。

2. 备齐申报材料

纳税的申报材料包括：与纳税有关的合同及协议书、外出经营活动税收管理及异地完税证明、防伪税控系统电子报税资料、境内或境外公正机构出具的有关证明文件、按规定应当报送的其他有关证件及资料。

除了以上这些申报材料，出纳还需要准备一个纳税申报明细表，方便记录申报过程中遇到的税收政策和纳税方法发生的变化及其他异常情况。

3. 纳税申报

纳税人可以采取不同的方式进行纳税申报，如上门申报、邮寄申报和数据电文申报（网上申报）。在实际工作中，上门申报的方式是使用最多的，但数据电文申报是最方便的，纳税人只需要在次月15日之前，登录国税局的网址进行纳税申报即可。

然而，不同税种的申报期限是不同的。

（1）企业所得税的缴纳应当在月份或者季度终了后15日内，向其所在地主管国家税务机关办理预缴所得税申报，内资企业在年度终了后45日内、外商投资企业和外国企业在年度终了后4个月内向其所在地主管国家税务机关办理所得税申报。

（2）增值税、消费税的缴纳，若是以1个月为一期纳税的，于期满后15日内申报；若以1天、3天、5天、10天、15天为一期纳税的，自期满之日起5日内预缴税款，于次月1日起15日内申报并结算上月应纳税款。

（3）未明确规定纳税申报期限的税款，需要按照主管国家税务机关根据具体情况确定的期限申报。

（4）税法已经明确规定纳税申报期限的税种，需要按照税法规定的期限申报。

4. 处理申报后的工作

纳税申报之后，纳税人只需要在银行账户中存够资金，系统就能够实现代扣代缴，纳税人可以在扣款后打印扣税凭证（或者去办税大厅打印）。

实操笔记

【单选题】下列哪项不属于出纳纳税申报的流程？（　）

A. 备齐会计资料

B. 领取税务登记表

C. 纳税申报

D. 备齐申报材料

E. 处理申报后的工作

答案：B

9.4 如何高效地进行税费核算

除了解企业税务的相关知识外，出纳明明在日常工作中还需要对不同的税种进行核算，因此明明需要掌握各税种具体的计算方法。

9.4.1 增值税解释及算法

增值税是指对增值额[1]征税的税种，是目前我国最大的一个税种，增值税的法律规定很严格，出纳要高度重视这个税种的核算和缴纳，避免因失误而带来不必要的损失。

那么，出纳在面对增值税时，如何高效地进行税费核算呢？我们不妨一起来看看其计算方法是怎样的。

[1] 增值额指的是一家公司或个人在销售货物、从事加工修理等劳务或者进口货物的过程中自己创造的那部分价值，这部分价值包括了货物和劳务价值。

1. 一般纳税人应纳增值税额

一般纳税人在计算增值税时，可以参照一个计算公式，即应纳税款 = 销项税款 − 进项税款，可见，在计算应纳税款之前，出纳需要先算出销项税款和进项税款。

（1）销项税款

销项税款是指用销售商品或劳务的销售额乘以规定的税率计算出应纳的款项。不过，这里计算出的纳税额不是最后真正缴纳给税务机关的税额，最终的应纳税额还需要经过两个步骤的计算。

若计算的销售额是含税的，那么此时的销售额就是卖出价，我们需要通过公式将其转化为不含税的销售额，即成本价。

销售额 = 含税销售额 ÷ （1+ 税率[1]）

组成计税价格[2]= 成本 ×（1+ 成本利润率）

（2）进项税额

进项税额的计算公式为：

进项税额＝（不含增值税）价格 × 增值税税率

（3）抵扣计算应纳增值税额

应纳税额 = 销项税额 − 进项税额

上面这个公式中计算出来的税额就是真正交给税务局的增值税额。

需要注意的是，上面列举的计算方法只适用于能够开具增值税专用发票的纳税人（一般纳税人[3]）。

出纳小课堂

2016 年 5 月 1 日，我国全面实施“营改增”（营业税改增值税）政策，即以前缴纳营业税的应税项目改成缴纳增值税，增值税只对产品或者服务的增值部分纳税。

[1]2020 年增值税率有四档，分别为：13%、9%、6%、0%。

[2] 组成计税价格是指按照计税价格应当包含的因素计算合成的计税价格。

[3] 生产货物或者提供应税劳务的纳税人，以及以生产货物或者提供应税劳务为主（即纳税人的货物生产或者提供应税劳务的年销售额占应税销售额的比重在 50% 以上）并兼营货物批发或者零售的纳税人，年应税销售额超过 50 万的，从事货物批发或者零售经营，年应税销售额超过 80 万元的。

2. 小规模纳税人[1]应纳增值税额

对于小规模纳税人而言，应纳增值税的税额计算公式如下：

应纳税额 = 不含税销售额 × 增值税征收率[2]

不含税销售额 = 含税销售额 ÷（1+ 增值税征收率）

销售额 = 含税收入 ×（1+ 增值税征收率）

3. 进口货物应纳增值税额

进口货物应纳增值税额的计算公式为：

应纳税额 = 组成计税价格 × 税率

组成计税价格 = 关税完税价格 + 关税 + 消费税

9. 4. 2 消费税解释及算法

消费税是以消费品的流转额为征税对象的各种税收的统称，是典型的间接税。

消费税分别采用从价和从量两种计税方法，前者的计税依据为应税消费品的销售额，后者的计税依据为每单位应税消费品的重量、容积或数量。

消费税的计算方法主要分为以下几种情况。

（1）从价计税时，其计算公式为：

应纳税额 = 应税消费品销售额 × 适用税率

（2）从量计税时，其计算公式为：

应纳税额 = 应税消费品销售数量 × 适用税额标准

（3）自产自用应税消费品（用于连续生产应税消费品的，不纳税；用于其他方面的，有同类消费品销售价格的，按照纳税人生产的同类消费品销售价格计算纳税，没有同类消费品销售价格的，按组成计税价格计算纳税）的计算公式为：

应纳税额 = 组成计税价格 × 适用税率

[1] 从事货物生产或者提供应税劳务的纳税人，以及从事货物生产或者提供应税劳务为主（即纳税人的货物生产或者提供劳务的年销售额占年应税销售额的比重在 50% 以上），并兼营货物批发或者零售的纳税人，年应征增值税销售额（简称应税销售额）在 50 万元以下（含本数）的，除上述规定以外的纳税人，年应税销售额在 80 万元以下的（含本数）。

[2] 2020 年增值税征收率一共有 4 档，0.5%、1%、3% 和 5%，一般是 3%，财政部和国家税务总局另有规定的除外。

组成计税价格 =（成本 + 利润）÷（1− 消费税税率）

（4）委托加工应税消费品的由受托方交货时代扣代缴消费税。按照受托方的同类消费品销售价格计算纳税，没有同类消费品销售价格的，按组成计税价格计算纳税。其计算公式为：

应纳税额 = 组成计税价格 × 适用税率

组成计税价格 =（材料成本 + 加工费）÷（1− 消费税税率）

（5）进口应税消费品，按照组成计税价格计算纳税，其计算公式为：

应纳税额 = 组成计税价格 × 消费税税率

组成计税价格 =（关税完税价格 + 关税）÷（1− 消费税税率）

（6）零售金银首饰的纳税人在计税时，应将含税的销售额换算为不含增值税税额的销售额，其计算公式为：

金银首饰的应税销售额 = 含增值税的销售额 ÷（1+ 增值税税率或征收率）

对于生产、批发、零售单位用于馈赠、赞助、集资、广告、样品、职工福利、奖励等方面或未分别核算销售的按照组成计税价格计算纳税。

应纳税额 = 组成计税价格 × 金银首饰消费税税率

组成计税价格 = 购进原价 ×（1+ 利润率）÷（1− 金银首饰消费税税率）

9.4.3 企业所得税解释及算法

企业所得税是指按照国家规定登记和注册的组织所要缴纳的税。个人独资或者合伙企业，只缴纳了个人所得税的，若再缴纳企业所得税，属于重复缴税。其计算方法如下：

企业所得税应纳税额 = 当期应纳税所得额 × 税率

应纳税所得额 = 收入总额 − 准予扣除项目金额

应纳税所得额 = 利润总额 +（−）税收调整项目金额

利润总额 = 收入总额 −（成本 + 费用 + 损失）

法律规定，企业所得税的税率为 25%，若是国家认定的高新技术企业，那么税率为 15%。

需要注意的是，《中华人民共和国企业所得税法》第十条规定，在计算应纳税所得额时，下列支出不得扣除：

（一）向投资者支付的股息、红利等权益性投资收益款项；

（二）企业所得税税款；

（三）税收滞纳金；

（四）罚金、罚款和被没收财物的损失；

（五）本法第九条规定以外的捐赠支出；

（六）赞助支出；

（七）未经核定的准备金支出；

（八）与取得收入无关的其他支出。

如果企业将税务罚款进行了税前扣除，那么在结账前应进行调账，以免带来不必要的麻烦。上述项目是不得税前扣除的，那么，可以扣除的项目有哪些呢？如表 9-1 所示。

表 9-1 企业所得税的扣除项目一览表

企业所得税的扣除项目	说明
利息支出	向金融机构借款的利息支出，按照实际发生数扣除；向非金融机构借款的利息支出，不高于按照金融机构同类、同期贷款利率计算的数额以内的部分，准予扣除
工资、薪金支出	工资、薪金支出是企业每一纳税年度支付给本企业任职或与其有雇佣关系的员工的所有现金或非现金形式的劳务报酬，包括基本工资、奖金、津贴、补贴、年终加薪、加班工资，以及与任职或者是受雇有关的其他支出。企业发生的合理的工资、薪金支出准予据实扣除 准予企业税前扣除合理的工资、薪金支出的前提是：企业有规范的员工工资、薪金发放制度，该制度符合行业实际情况及地区经济水平；企业在一定时期所发放的工资、薪金是相对固定的，工资、薪金的调整是有序进行的；企业实际发放的工资、薪金，已依法履行了代扣代缴个人所得税义务；有关工资、薪金的计算，不以减少或逃避税款为目的
职工福利费 工会经费 职工教育经费	企业发生的职工福利费支出，不超过工资薪金总额 14% 的部分，准予扣除；企业拨缴的工会经费，不超过工资薪金总额 2% 的部分，准予扣除；除国务院财政、税务主管部门另有规定外，企业发生的职工教育经费支出，不超过工资薪金总额 2.5% 的部分，准予扣除；超过部分，准予在以后纳税年度结转扣除

续表

企业所得税的扣除项目	说明
捐赠	企业的公益、救济性捐赠，在应纳税所得额3%以内的，允许扣除。超过3%的部分则不得扣除
业务招待费	业务招待费由企业提供确实记录或单据，分别在下列限度内准予扣除：（1）全年营业收入在1500万元以下（不含1500万元）的部分，不超过年营业收入的5‰；（2）全年营业收入在1500万元以上，但不足5000万元的，不超过该部分营业收入的3‰；（3）全年营业收入超过5000万元（含5000万元），但不足1亿元的部分，不超过该部分营业收入的2‰；（4）全年营业收入在1亿元以上（含1亿元）的部分，不超过该部分营业收入的1‰
职工养老基金 待业保险基金	在省级税务部门认可的上缴比例和基数内，准予在计算应纳税所得额时扣除
残疾人保障基金	按当地政府规定上缴的残疾人保障基金，允许在计算应纳税所得额时扣除
财产、运输保险费	允许在计税时扣除，但保险公司给予企业的无赔款优待，则应计入企业的应纳税所得额
固定资产租赁费	以经营租赁方式租入固定资产的租赁费，可以直接在税前扣除；以融资租赁方式租入固定资产的租赁费，则不得直接在税前扣除，但租赁费中的利息支出、手续费可在支付时直接扣除
坏账准备金 呆账准备金 商品削价准备金	在计算应纳税所得额时准予扣除，提取的标准暂按财务制度执行，企业提取的商品削价准备金准予在计税时扣除
转让固定资产支出	准予在计税时扣除
固定资产、流动资产盘亏、毁损、报废净损失	由企业提供清查、盘存资料，经主管税务机关审核后，准予扣除。这里所说的净损失，不包括企业固定资产的变价收入
总机构管理费	支付给总机构的与本企业生产经营有关的管理费，应当提供总机构出具的管理费汇集范围、定额、分配依据和方法的证明文件，经主管税务机关审核后，准予扣除
国债利息收入	不计入应纳税所得额
其他收入	各种财政补贴收入、减免或返还的流转税，除国务院、财政部和国家税务总局规定有指定用途者，可以不计入应纳税所得额外，其余则应并入企业应纳税所得额计算征税

续表

企业所得税的扣除项目	说明
亏损[1]弥补	企业发生的年度亏损，可以用下一纳税年度的所得弥补，下一纳税年度的所得不足弥补的，可以逐年延续弥补，但最长不得超过 5 年

9.4.4 个人所得税解释及算法

个人所得税是指以自然人取得的各项应税所得为对象所征收的一种税。在企业里，若员工的工资超过 5000 元，那么出纳在为其发放工资时，就需要将这部分税款提出来，计算出员工的个人工资，其计算方法如下：

应纳税额 =（工资薪金所得 –“五险一金”扣除数）× 适用税率 – 速算扣除数

个人免征额是 5000 元，使用超额累进税率的计算方法：

缴税 = 全月应纳税所得额 × 税率 – 速算扣除数；

实发工资 = 应发工资 –“四金”– 缴税；

全月应纳税所得额 =（应发工资 –“四金”）–5000

若 A 企业某员工的工资收入为 6000 元，那么他所应缴纳的个人所得税就是：

（6000 – 个人所缴纳的社会保险金额数 –5000）×3%–0。

9.4.5 印花税解释及算法

印花税是指对经济活动和经济交往中订立、领受具有法律效力的凭证的行为所征收的一种税。纳税人需要通过在文件上加贴印花税票来履行纳税义务。目前，印花税只对《中华人民共和国印花税暂行条例》列举的凭证征税，具体有以下 5 类：

（1）购销、加工承揽、建设工程承包、财产租赁、货物运输、仓储保管、借款、财产保险、技术合同或者具有合同性质的凭证；

---

[1]《中华人民共和国企业所得税法实施条例》第十条规定：“企业所得税法第五条所称亏损，是指企业依照企业所得税法和本条例的规定将每一纳税年度的收入总额减除不征税收入、免税收入和各项扣除后小于零的数额。”

（2）产权转移书据；

（3）营业账簿；

（4）房屋产权证、工商营业执照、商标注册证、专利证、土地使用证；

（5）经财政部确定征税的其他凭证。

印花税应纳税额的计算方法主要分为以下 4 种。

1. 实行比例税率的凭证

其计算公式为：应纳税额 = 应税凭证计税金额 × 比例税率

2. 实行定额税率的凭证

其计算公式为：应纳税额 = 应税凭证件数 × 定额税率

3. 营业账簿中记载资金的账簿

其计算公式为：应纳税额 =（实收资本 + 资本公积）×0.5‰

4. 其他账簿按件贴花，每件 5 元

9.4.6 关税解释及算法

关税是指一国海关根据该国法律规定，对通过其关境的进出口货物征收的一种税，其计算方法如下。

1. 从价计征

应纳税额 = 应税进出口货物数量 × 单位完税价格 × 适用税率

2. 从量计征

应纳税额 = 应税进口货物数量 × 关税单位税额

3. 复合计征

应纳税额 = 应税进口货物数量 × 关税单位税额 + 应税进口货物数量 × 单位完税价格 × 适用税率

9.4.7 其他税种的解释及算法

其他税种包括房产税、城镇土地使用税、土地增值税、契税及资源税。

1. 房产税

年应纳税额 = 应税房产原值 ×（1− 扣除比例）×1.2%

或，年应纳税额 = 租金收入 ×12%

2. 城镇土地使用税

年应纳税额 = 计税土地面积（平方米）× 使用税率

3. 土地增值税

增值税 = 转让房地产取得的收入 − 扣除项目

应纳税额 = ∑（每级距的土地增值额 × 适用税率）

4. 契税

应纳税额 = 计税依据 × 税率

5. 资源税

年应纳税额 = 课税数量 × 单位税额

以上列举的税种，是出纳常常需要进行核算的。

实操笔记

【计算题】

1. 某餐馆为增值税小规模纳税人，2016 年 6 月取得含增值税的餐饮收入总额为 12.36 万元。计算该餐馆 6 月应缴纳的增值税税额。

答案：

2. 某企业为增值税一般纳税人，适用增值税税率 16%，2018 年 10 月份的有关生产经营业务如下：

（1）销售甲产品给某大商场，开具增值税专用发票，取得不含税销售额 80 万元；同时取得销售甲产品的送货运输费收入 5.8 万元（含增值税价格，与销售货物不能分别核算）。

（2）销售乙产品，开具普通发票，取得含税销售额 29 万元。

（3）将试制的一批新产品用于本企业的基建工程，成本价为 20 万元，国家税务总局规定成本利润率为 10%，该新产品无同类市场销售价格。

（4）销售 2014 年 10 月购进作为固定资产使用过的进口摩托车 5 辆，开具增值税专用发票，上面注明每辆取得销售额 1 万元。

（5）购进货物取得增值税专用发票，注明支付货款 60 万元、进项税额 9.6 万元；另外支付购货的运输费用 6 万元，取得运输公司开具的增值税专用发票，上面注明的税金为 0.6 万元。

（6）向农业生产者购进免税农产品一批（不适用进项税额核定扣除办法），收购凭证上注明的收购价款为 30 万元，同时支付给运输单位运费 5 万元（不含增值税），取得运输部门开具的增值税专用发票，上面注明的增值税额为 0.5 万元。本月下旬将购进的农产品的 20% 用于本企业员工福利。

以上相关票据均符合税法的规定。请按下列顺序计算该企业 10 月份应缴纳的增值税额：

（1）计算销售甲产品的销项税额。

（2）计算销售乙产品的销项税额。

（3）计算自用新产品的销项税额。

（4）计算销售使用过的摩托车的应纳税额。

（5）计算外购货物应抵扣的进项税额。

（6）计算外购免税农产品允许抵扣的进项税额。

（7）计算该企业 10 月份合计应缴纳的增值税额。

答案：

1. 6 月取得的不含税销售额 =12.36÷（1+3%）=12（万元）

6 月应缴纳增值税税额 =12×3%=0.36（万元）

2.（1）销售甲产品的销项税额 =80×16%+5.8÷(1+16%)×16%=13.6(万元)

（2）销售乙产品的销项税额 =29÷(1+16%)×16%=4（万元）

（3）自用新产品的销项税额 =20×(1+10%)×16%=3.52（万元）

（4）销售使用过的摩托车的应纳税额 =1×16%×5=0.8（万元）

（5）外购货物应抵扣的进项税额 =9.6+0.6=10.2（万元）

（6）外购免税农产品允许抵扣的进项税额 =(30×10%+0.5)×(1−20%)=2.8（万元）

（7）该企业 10 月份合计应缴纳的增值税额 =13.6+4+3.52+0.8−10.2−2.8=8.92（万元）

9.5 网上申报纳税的好处及操作流程

随着互联网的发展，越来越多的出纳开始尝试在网上申报纳税。同时，税务局为了减少办税服务厅内申报人员的数量，减少工作人员的压力，提升其服务质量，会鼓励各大企业在网上申报纳税。那么，网上申报纳税究竟有哪些好处，其操作流程又是怎样的？相信通过本节的学习，你能找到答案。

9.5.1 网上申报纳税的好处

网上申报纳税是目前非常受欢迎且日趋普及的一种税务申报方式，之所以这么受欢迎，是因为其具有以下优势。

1. 纳税人不用到税务局门口排队办理

纳税人只需要在自己的电脑上安装相应的税务软件，然后在电脑里输入应纳税额等申报数据，提交成功后，纳税人的税务申报就完成了，十分方便。

若是没有联网的电脑，纳税人需要先在电脑上安装报税软件，将完成录入的申报介质文件通过U盘复制到税务局相应的计算机上，税务局工作人员再进行后续的操作即可。

2. 方便纳税人查询纳税记录

纳税记录、当前的完税情况、提交的财务报表及税务局的最新通知等信息，纳税人都能在电脑上一目了然。

3. 代扣纳税一步到位

网上纳税申报成功后，税务局的系统能自动从相关联的银行账户中代扣税款，节省了纳税人办理缴费业务的时间。同时，纳税人在网上还可以将银行扣除税金后出具的单据作为完税凭证，也可以根据银行出具的单据到税务机关打印相关税票。

出纳小课堂

网上申报纳税的六大注意事项：

（1）纳税人若存在上期月份没有申报，或当期逾期申报的情况，则不能再进行网上申报，而是要到主管国税分局办税服务厅处理。

（2）若因账户余额不足而导致扣款不成功，纳税人应及时补足银行存款；若因其他原因而导致扣款不成功，纳税人应记录出错原因，及时通知主管国税分局。

（3）逾期缴纳税款的，系统自动按《中华人民共和国税收征收管理法》规定按日加收滞纳税款万分之五的滞纳金。

（4）网上申报纳税不适用于采用“定期定额”征税方式的小规模纳税人。

（5）网上申报成功没缴税或申报成功并已缴税后发现数据有错的，必须携带完整准确的纳税申报表到主管国税分局前台进行处理。

（6）进行网上申报的纳税人，应通过网上申报系统的申报表查询功能，用A4纸打印纳税申报表，连同财务报表一式一份按规定依次按月装订，1月、7月报送到主管国税分局办税服务厅申报窗口。

9.5.2 网上申报纳税的操作流程

网上申报纳税的操作流程如图 9-1 所示。

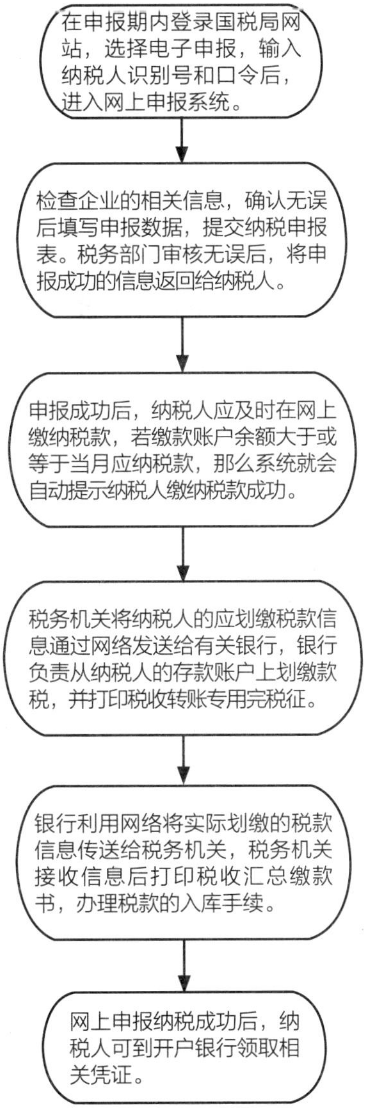

图 9-1 网上申报纳税的操作流程

在现实生活中，一些企业在报税时，会运用到一些软件，比如金税盘、涉税通等，其操作也很方便，能提升企业的报税效率。

实操笔记

【判断题】网上申报纳税成功后，纳税人不能在网上查询自己的纳税记录，必须要到税务局查询。

答案：错。

9.6 企业纳税的依据——发票

小许是A企业行政部的一名新员工，他的第一项工作任务就是为企业采购一批办公用品。采购完成后，小许收到了商家的电子发票，习惯了纸质票据的小许感觉很疑惑，电子发票也能报销吗？为此他专门询问了财务部的出纳小张，小张告诉他："电子发票是可以报销的，发票是非常重要的凭证，企业的任何一笔购销业务都离不开发票。"

发票对出纳来说是最常见的原始凭证，对员工来说是报销的证明，对企业来说是缴税的依据，对审计机关和税务机关来说是执法检查的凭据。在谈企业纳税之前，我们应该先认识发票。

9.6.1 发票的定义、作用、种类和选择

什么是发票呢？让我们从定义、作用、种类和选择等层面来全面地认识它。

1. 发票的定义和作用

发票是指一切企业和个人在购销商品、提供或接受服务及从事其他经营活动时，所开具和收取的业务凭证，是会计核算的原始依据，也是审计机关、税务机关执法检查的重要依据。

简单来说，发票就是经济活动中由出售方向购买方签发的文本，其内容包括向购买方提供产品或服务的名称、数量、协议价格和日期等，而且每一张发

票都具有独一无二的流水账号码，可以有效防止重复和调号，其样式如图 9-2 所示。

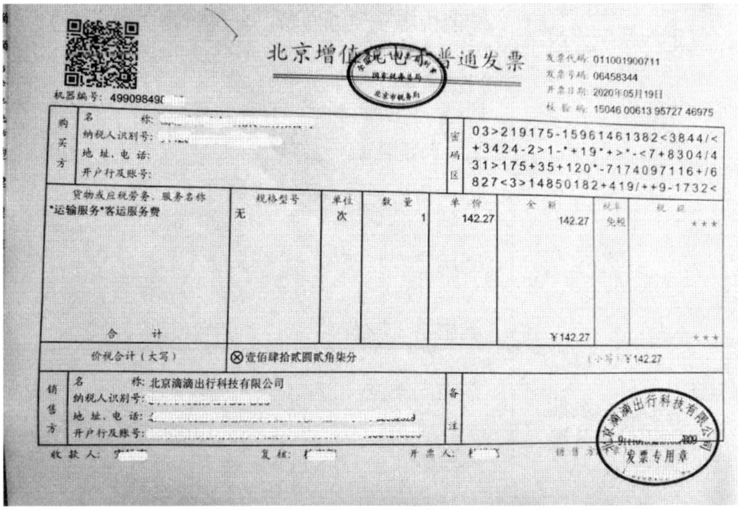

图 9-2　增值税电子普通发票

发票的作用可以被归纳为以下 4 点。

（1）是最基本的原始凭证之一；

（2）是记录经济活动内容的载体，是财务管理的重要工具；

（3）是税务机关控制税源、征收税款的重要依据；

（4）是国家监督经济活动、维护经济秩序、保护国家财产安全的重要手段。

2. 发票的种类

由于行业特点和企业生产经营项目的不同，发票的种类和形式也多种多样，比如机动车销售统一发票、货物运输业增值税专用发票、汽车客运发票等。如果要给发票分类的话，可以以发票是否从增值税发票管理新系统开具为标准，将发票分为下面两大类，如图 9-3 所示。

- 从增值税发票管理新系统开具
  - 增值税专用发票
  - 增值税普通发票（折叠式、卷式）
  - 增值税电子普通发票（非通行费、通行费）
  - 机动车销售统一发票
  - 二手车销售统一发票
- 非从增值税发票管理新系统开具
  - 通用机打发票
  - 通用定额发票
  - 通用手工发票
  - 景点门票
  - 火车票
  - 航空运输电子客票行程单
  - 出租车发票
  - 客运定额发票

图 9-3　发票的分类

目前很多关于发票管理的规范性文件都运用了图 9-3 中的分类方法，并根据这种分类方法对发票进行管理。企业在选择发票时，也可以参考这种分类方法。

3. 发票的选择

企业在选择发票时，首先要参考自己所在省市的相关政策和制度，其次要参考以下 4 个要点。

（1）增值税专用发票适用于增值税一般纳税人，被纳入“小规模纳税人自行开具增值税专用发票试点”的小规模纳税人也可自行领用增值税专用发票。

（2）增值税普通发票（包括增值税电子普通发票）适用于增值税一般纳税人及月不含税销售额超过 3 万元或季不含税销售额超过 9 万元的小规模纳税人。不过，如果月不含税销售额不超过 3 万元或季不含税销售额不超过 9 万元的小规模纳税人要求使用增值税发票管理新系统，也可领用。增值税普通发票

（卷式）由纳税人自愿选择使用，生活性服务业的纳税人推荐使用。

（3）机动车销售统一发票适用于从事机动车零售业务（不包括销售旧机动车）的纳税人。在二手车市场销售旧机动车的纳税人，使用二手车销售统一发票。出租车发票、客运定额发票、火车票、航空运输电子票行程单适用于各自行业。

（4）通用定额发票主要适用于定期定额征收的个体工商户和收取停车费的纳税人。

在实际工作中，各个省市的发票使用标准不同，有的地区甚至已经取消了上述发票中的某些种类。所以，企业要根据自己的实际情况和所在地区的发票政策与制度来选择发票的种类。会计在审核发票时，也要注意发票开具省份是否使用该类发票，谨防弄虚作假。

9.6.2 发票的领购与保管

发票不是企业自行印制的，经办税务登记的企业和个人，应该按规定到国家税务机关申请领购发票，下面就让我们一起来看看，领购发票需要的手续和资料有哪些。

1. 发票的领购

企业或个人在申请领购发票时，必须先提交购票申请报告，在报告中写明企业或个人的名称，所属行业，经济类型，所需发票的种类、名称、数量等，并加盖企业公章和经办人印章。

然后，申请领购发票的企业或个人须准备经办人身份证明和其他有关证明。如果需要购买增值税专用发票，企业或个人应当提供盖有“增值税一般纳税人”确认专章的税务登记证件。总而言之，领购发票的企业或者个人需提供以下资料：

（1）纳税人领购发票票种核定申请表；

（2）税务登记证（副本）；

（3）经办人的身份证明；

（4）财务专用章或发票专用章印模。

如果企业属于增值税纳税人，那么需要领购增值税专用发票（如图 9-4 所示），除上述资料以外，还需要向税务机关提供增值税一般纳税人资格证书、增值税专用发票条形章及增值税专用发票领购申请表，才能办理增值税专用发票领购手续。

递交发票领购申请，并经权国家税务机关审查批准后，企业或个人应先领取国家税务机关核发的发票领购簿或者增值税专用发票领购簿，然后再根据核定的发票种类和数量，到相应的国家税务机关领购发票。如果领购的是增值税专用发票，则需要当场在发票联和抵扣联上加盖发票专用章或财务印章等章戳。

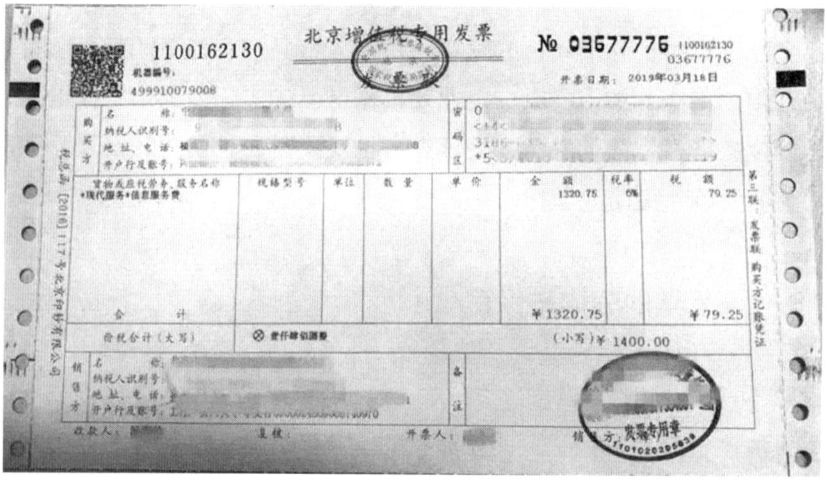
北京增值税专用发票
1100162130　№ 03677776
机器编号：499910079008
开票日期：2019年03月18日
*现代服务*信息服务费　金额 1320.75　税率 6%　税额 79.25
合计　¥1320.75　¥79.25
价税合计（大写）⊗壹仟肆佰圆整　（小写）¥1400.00
第三联：发票联 购买方记账凭证
发票专用章

图 9-4　增值税专用发票

出纳
小课堂

发票领购的三大注意事项：

1. 有固定生产经营场所、财务和发票管理制度健全、发票使用量较大的企业，可以申请印有本企业名称的普通发票。

2. 如普通发票样式不能满足业务需要，也可以自行设计本企业的普通发票样式，报省辖市国税局批准，按规定数量、时间到指定印刷厂印制。企业自行印制的发票应当交主管国家税务机关保管，并按前款规定办理领购手续。

3. 未按规定保管增值税专用发票，并发生丢失的一般纳税人，半年内不得领购增值税专用发票并收缴结存的增值税专用发票。

2. 发票的保管

企业领购发票以后，应该妥善保管，以免发票遗失。

首先，对于空白发票，企业应该做到专人保管、专库（专柜）保管，发票数量多的企业或各级税务机关还要专账保管，其保管原则如图 9-5 所示。

图 9-5　发票保管的三个原则

其次，作废发票应该根据不同情况，采取不同的管理方法。对于开票过程中作废的发票，应该在发票上加盖“作废”戳记，并重新开具发票。不可在作废发票上涂改，也不能随意销毁，而是应该妥善保管全部联次，并粘贴在原发票存根上，以备核查。

对于政策调整或变化造成的作废发票，企业应及时更换新版发票，并在旧发票到期之前上交给税务机关，由税务机关统一销毁。增值税专用发票的销毁须报省国税局批准。已经使用过的发票存根也应该妥善保管，在保管期内，任何个人和企业都不可随意销毁。

最后，丢失的发票应该先书面报告主管税务机关，然后在报刊和电视等传播媒介上发布公告，声明为“发票作废”。企业还要将相关资料报送主管税务机关，由税务机关登记。一般纳税人企业如果丢失了增值税专用发票，应按规定在案发当日向当地公安机关和主管国税机关汇报，如果发票丢失数量较多，且有可能造成严重后果，还要抄送有关部门备查。

9.6.3　发票的填开

发票的填开也是出纳的日常基础工作之一，因此，我们要了解填开发票的基本原则、方法及开具增值税专用发票的注意事项。

1. 填开发票的基本原则

出纳在填开发票时，需要注意遵循以下 7 个基本原则。

（1）凡销售商品、提供服务及从事其他经营业务活动的企业和个人，对外发生经营业务收取款项时，收款方应如实向付款方填开发票；

（2）企业和个人必须在实现经营收入或者发生纳税义务时填开发票，未发生经营业务一律不准填开发票；

（3）发票只限于用票企业和个人自己填开使用，不得转借、转让、代开；

（4）发票不得拆本使用，将装订成册的发票拆本使用是违法行为；

（5）企业和个人必须按规定购买发票使用（或经国家税务机关批准印制），不得用其他票据代替发票，也不得擅自扩大专业发票的使用范围；

（6）发票只能在领购发票所在地填开，不准携带到外地使用，在外地从事经营活动，须在当地国税务机关申请领购发票；

（7）企业或个人向消费者提供零售小额商品或零星劳务服务时，可以不用逐笔填开发票，但应逐日记账。经国税机关批准采用汇总方式填开增值税专用发票的企业，应当填写国税机关统一印制的销货清单。

2. 填开发票的方法

企业和个人填开发票时，应使用中文（民族自治地方可以同时使用当地通用的一种民族文字），按规定的时限、号码顺序填开，填写发票时要做到项目齐全，内容真实，字迹清楚，全份一次复写，各联内容完全一致，并加盖企业财务印章或者发票专用章。

填开发票后，如果发生退货或者折价的情况，应收回原发票，由国税机关认证符合作废条件后，才可开具红字发票，用以冲减之前的错误发票。如果开票时发生书写错误，则应该在发票上书写或加盖“作废”字样，并保存各联备查。

3. 开具增值税专用发票的注意事项

一般纳税人企业在开具增值税专用发票时应注意两点，一是在某些情况下不得开具增值税专用发票，二是开具增值税专用发票时应严格遵守时限。

（1）不得开具增值税专用发票的情况

◣向消费者销售应税项目；

◣销售免税项目；

◣销售报关出口的货物、在境外销售应税劳务；

- 将货物用于非应税项目；
- 将货物用于集体福利或个人消费；
- 将货物无偿赠送他人；
- 提供非应税劳务、转让无形资产或销售不动产；
- 向小规模纳税人销售应税项目。

（2）开具增值税专用发票的时限，如表 9-2 所示。

表 9-2　开具增值税专用发票的时限

开票事项	时限
设有两个以上机构并实行统一核算的纳税人，将货物从一个机构移送其他机构用于销售	货物移送的当天
将货物交付他人代销	收到受托人送交的代销清单的当天
将货物作为投资提供给其他企业或个体经营者	货物移送的当天
将货物分配给股东	货物移送的当天

本节介绍了发票的相关知识，在出纳工作中，发票是出纳进行核算的重要原始凭证，也是企业缴税的重要依据。要想处理好企业的涉税事务，出纳必须学会正确处理发票的方法。

实操笔记

【写一写】一般纳税人企业在申请领购发票时，要准备哪些资料？请在下面写下来。

【老出纳点拨】依法纳税，小利不可贪

某企业采购人员小李，在某一次采购过程中，为企业采购了接近1000万元的材料。为了获得更便宜的采购价，小李没有向材料供应商获取正规发票，而是购买了一些非法的假发票，给企业的出纳报销。

出纳在检查时不细心，直接入账这些假发票。最终在年终税务检查的时候，税务人员当场查出这笔假发票，要求企业补税，并加收罚金。

很多人会有这样一个误区：代扣代缴的税不重要。事实上，很多时候出纳虽然不是在为自己纳税，但按照税法规定，代扣代缴义务人承担责任时也要按照偷税论处。因此，只要出纳没有依法代扣代缴，就可以算作偷税，需要接受法律的制裁。

因此，出纳在税收管理环节要谨慎对待代扣代缴的税款，所有的财务工作在获得正规合法的发票后才能入账。

在税务稽查中，一旦发现假发票，除了按照章程补税外，企业还要按日缴纳滞纳金和行政处罚金，可谓得不偿失。

我国税收取之于民，用之于民，作为国家的公民，我们不能因为贪小利而违反纳税规定，做出一些偷漏税、欠税、骗税和抗税的行为，否则会给个人或企业的财产与名誉带来巨大损失。

第 10 章

社保、工资业务实操指南

为企业员工办理社保、发放工资是出纳的两项重要工作。其中，出纳对接的社保业务包括新参保业务、变更和年检业务、转入转出业务、注销业务及住房公积金业务；工资业务则包括核算员工工资、编制工资表和发放工资。

10.1 出纳对接的社保业务

企业创立后，聘请员工是必不可少的环节，企业给员工办理社保也是必经的流程，因此出纳也需要了解社保业务的相关知识。

一般而言，出纳所要对接的社保业务主要有以下五个方面。

10.1.1 新参保业务

未办理社会保险登记业务的企业，其参保业务被称为“新参保业务”。其业务办理程序如下。

（1）在备好的资料和填好的表格上盖上企业公章，并提交给社保局经办人员。经办人员会给符合条件的企业出具受理回执。

（2）社保业务受理完成且出纳接到社保局的通知后，可凭借受理回执到保险关系部资料发放窗口领取社会保险登记证和相关资料。

（3）部分地区还规定：领取完社会保险登记证后，出纳还需要到所在地社会保险经办机构办理医疗、事业保险登记手续（有的地区在社保机构窗口直接办理综合保险登记手续）。

（4）办理完成后，出纳需要核对银行账户，并且按月缴纳各项社会保险费用[1]。

[1] 不同地区的企业缴纳社保比例不完全相同，以北京地区为例来说明：养老保险缴纳比例为16%；失业保险缴纳比例为1%；工伤保险缴纳比例为0.5%～2%；生育保险缴纳比例为0.8%；医疗保险缴纳比例为10%。

出纳小课堂

办理新参保业务时所需的文件有以下 8 种：

1. 新参保单位基本信息申报表；

2. 社会保险登记表（如果有分支机构的，需要附所属分支机构情况表）；

3. 在职职工申报表或者参保人员登记表；

4. 组织机构代码证的原件和复印件；

5. 参保人的身份证复印件；

6. 委托银行自动结算社会保险资金授权书及其公司银行账户的说明；

7. 参加社会保险的申请（加盖公章）；

8. 不同性质的公司，还须提供不同的文件（事业单位须提供事业单位法人登记证；社会团体须提供社会团体法人登记证；企业须提供企业法人营业执照；外地企业派驻的分支机构须提供机构登记证；股份制企业须提供注资证明；若主管部门存在不明确或者情况复杂的情况，还须提供工商部门或会计师事务所出具的验资报告或主管部门同意成立的批文）。

若企业需要为新入职的员工办理社保，那么在员工签订劳动合同后，出纳先要确认员工的医保是否报停，若是报停状态，那么出纳需要带上员工签订的劳动合同、员工就业失业登记证和单位公章前往社保机构填表办理（若遇特殊时期，社保机构会让企业在网上办理社保）。

10.1.2 变更和年检业务

一般情况下，企业在参保后，若遇到保险信息变更的情况，则须办理变更业务，同时企业每年还要参加社会保险部门的检查，即“社保年检[1]”。

[1] 社保年检，是由社会保险部门检查企业有没有按照规定按时足额缴纳社会保险，有没有隐瞒工资总额、虚报工资的行为，有没有按照国家规定，全部给员工缴纳社会保险等的制度。

1. 变更业务

若企业的社会保险登记事项（如企业的名称、性质、银行账户等事项）发生了改变，那么出纳就要持相关证件和资料在登记变更之日起 30 日内，向所属社保经办机构申请办理社会保险登记变更手续。

在办理变更业务时，出纳需要填写的文件有：社会保险单位信息登记变更表及社会保险登记证（重新填制，社保经办机构在社会保险登记证不变动的情况下，收回原社会保险登记证）。需要提供的文件有：营业执照或有关机关批准的变更证明，以及社保经办机构规定的其他相关资料。

社保经办机构审核相关资料和表格后予以变更。

2. 年检业务

与工商年检相似，社保年检也开通了网上申报通道，即社保机构鼓励参保企业通过网络办理年检业务，同时还可就近到缴费工资申报窗口递交相关资料接受年检。

在社保年检的规定下，参保企业需要做到“四个一致”，即申报险种一致、申报人数一致、申报人员一致和申报工资一致，若存在险种不全、申报人数不一致或险种未合并的情况，参保企业须补齐险种、统一申报人数、进行险种合并后再办理缴费工资申报业务。

10.1.3 转出、转入业务

社保办理成功后，若企业的工商注册地址发生了改变，那么其所属的社保局也跟着发生了变化。因此，企业需要将社保从原来的社保局转出，然后再将社保转入新地址所属的社保局。

需要注意的是，每个地区社保转出与转入业务的时间规定会有所不同。

1. 转出业务

出纳在办理社保转出业务时，需要提交社保局要求的银行托收单复印件、加盖公章的社会保险单位信息登记变更表及加盖公章的社会保险注销登记申请表等资料。

在办理转出业务之前，企业需要结清所有应该缴纳的费用并且医药费要报销完毕。医保手续齐全后由所属社保中心开具基本医疗保险关系跨区转移证明即可转出。

2. 转入业务

出纳在办理社保转入业务时，须提交营业执照副本原件及复印件、加盖公章的社会保险单位信息登记表、由转出社保局开具的基本医疗保险关系跨区转移证明及与开户银行新签订的委托收款付款授权书（旧付款授权书作废）等资料。

10.1.4 注销业务

若企业发生解散、破产、撤销、合并、被吊销营业执照等情况，那么其社会保险缴费的义务就会被终止。出纳应从发生注销登记事项之日起30日内向所属社保机构申请办理注销业务。

出纳在办理注销业务时须提供相关证明材料，并填写单位信息登记变更表，社保经办机构为其办理社保注销手续。

与转出业务相同，在办理注销业务之前，企业须结清之前应缴的社会保险费、滞纳金及应报销医疗费等费用。

10.1.5 住房公积金业务

通常情况下，住房公积金的汇缴方式决定了住房公积金的办理方式，住房公积金的汇缴方式有以下三种。

第一，企业直接与银行签订协议，委托银行收款；

第二，出纳到银行汇款；

第三，出纳开具转账支票或者直接通过现金进行缴存。

以上三种汇缴方式各自对应的业务办理如下文所示。

1. 企业直接与银行签订协议，委托银行收款

首先，企业需要和住房公积金管理中心签署委托银行收款缴交住房公积金协议，填写开户银行账户并加盖企业公章。

之后，企业凭协议到开户银行，与开户银行签订委托收款付款授权书。

再然后，企业完成企业、银行、住房公积金管理中心的三方协议后，须办

理委托收款业务。企业每个月都需要和住房公积金中心做委托收款的确认工作，若有人员变更的情况，企业需要提交住房公积金汇缴变更清册。

最后，住房公积金管理中心每月会定期进行银行托收的工作。若住房收款成功，那么住房公积金管理中心根据相关文件办理公积金汇缴业务；若住房收款失败，那么住房公积金管理中心会通知企业收款失败，让其核对后重新办理托收手续。

2. 出纳到银行汇款

首先，出纳要填制单位汇款缴存公积金备案表，并将其交到住房公积金管理中心的所属部门。

然后，出纳将应当缴存的公积金款项汇入指定的住房公积金银行专户。

最后，住房公积金管理中心收到汇款后会与单位汇款备查簿进行核对，若无误则计入企业暂存款。住房公积金管理中心收款成功后，会通知出纳持住房公积金汇缴书(存在变更情况的须持住房公积金汇缴变更清册，如表 10-1 所示)到管理部门办理汇缴分配业务。

3. 出纳开具转账支票或者直接通过现金进行缴存

首先，出纳需要先到住房公积金管理中心领取登记表，完成填写后，向住房公积金管理中心报送员工的姓名、身份证号、性别、工资金额及公积金的缴存金额。

之后，出纳须在每月发放员工工资之日起 5 日内将企业缴存的和为员工代扣代缴的住房公积金按时足额地汇缴到住房公积金管理中心。这个过程中需要填写住房公积金汇缴书（如表 10-2 所示）和与汇缴金额相一致的转账支票或现金送款簿。

再然后，若企业汇缴员工人数发生了变化，那么出纳人员需要填写住房公积金汇缴变更清册、变更后与汇缴金额相一致的住房公积金汇缴书和转账支票，需要注意的是，出纳应先办理变更（办理之前应先结清拖欠的住房公积金金额）后，再按变更后的金额进行汇缴。

最后，汇缴业务完成后，工作人员会打印一式两份的住房公积金汇缴书，盖章后将其中一份交与企业保存。

表 10-1 住房公积金汇缴变更清册的样式

住房公积金汇缴变更清册

年 月

企业全称（盖章）：

企业登记号： 第 页 共 页

<table>
<tr><td colspan="9">本月增加汇缴（新增员工开户）</td><td colspan="8">本月减少汇缴（员工调出、封存、销户）</td></tr>
<tr><td rowspan="2">序号</td><td rowspan="2">员工编号</td><td rowspan="2">员工姓名</td><td rowspan="2">证件名称</td><td rowspan="2">证件号码</td><td rowspan="2">缴存基数</td><td colspan="3">住房公积金月缴存额（元）</td><td rowspan="2">序号</td><td rowspan="2">员工姓名</td><td rowspan="2">证件名称</td><td rowspan="2">证件号码</td><td rowspan="2">减少原因</td><td colspan="3">住房公积金月缴存额（元）</td></tr>
<tr><td>个人</td><td>企业</td><td>合计</td><td>个人</td><td>企业</td><td>合计</td></tr>
<tr><td></td><td></td><td></td><td></td><td></td><td></td><td></td><td></td><td></td><td></td><td></td><td></td><td></td><td></td><td></td><td></td><td></td></tr>
<tr><td></td><td></td><td></td><td></td><td></td><td></td><td></td><td></td><td></td><td></td><td></td><td></td><td></td><td></td><td></td><td></td><td></td></tr>
<tr><td></td><td></td><td></td><td></td><td></td><td></td><td></td><td></td><td></td><td></td><td></td><td></td><td></td><td></td><td></td><td></td><td></td></tr>
<tr><td>首页填写</td><td colspan="2">本月增加汇缴合计</td><td colspan="2"></td><td></td><td></td><td colspan="2"></td><td colspan="2">本月减少汇缴合计</td><td></td><td></td><td></td><td></td><td></td><td></td></tr>
</table>

企业主管： 复核： 制表： 制表日期： 年 月 日

填制要求：各项内容应准确完整填写；一式两联，一联给住房公积金管理中心作为留存记账凭证，另一联给企业作为企业存根备查；其中本月增加的人数和金额应和表 10-2 中的相应栏目相一致。

表 10-2 住房公积金汇缴书的样式

住房公积金汇缴书

NO. 年 月 日 附变更清册 张

<table>
<tr><td>企业全称</td><td colspan="10"></td></tr>
<tr><td>企业登记号</td><td colspan="10"></td></tr>
<tr><td rowspan="2">汇款金额（大写）</td><td>千</td><td>百</td><td>十</td><td>万</td><td>千</td><td>百</td><td>十</td><td>元</td><td>角</td><td>分</td></tr>
<tr><td></td><td></td><td></td><td></td><td></td><td></td><td></td><td></td><td></td><td></td></tr>
</table>

续表

	上月汇缴	本月增加	本月减少	本月汇缴
人数				
金额				
支票号码		备注：		
企业主管		复核：	制单：	

填制要求：各项内容应准确完整填写；一式两联，一联给住房公积金管理中心作为留存记账凭证，另一联给企业作为企业存根备查；若某些行政事业单位既有财政统发又有单位自筹汇缴住房公积金的，需要为财政统发部分和单位自筹部分分别填制住房公积金汇缴书。

部分地区的企业，可登录住房公积金管理中心官网中的公积金查询栏目预约业务办理，预约成功后，可按照预约时间前往预约网点优先办理预约业务。同一个预约号只能办理一个企业的各项业务。未预约或未按预约时间前往网点的企业，只能在网点有剩余号的情况下现场取号办理，且须等已到场的预约号业务办理完毕后再办理业务。

实操笔记

【写一写】出纳对接的社保业务有哪些？请你默写下来。

10.2 出纳对接的工资业务

在企业里，出纳需要做一项牵扯到每名员工切身利益的工作——发工资。做好员工工资的发放和处理是一件极其重要且不容易做的事情。在发工资这个过程中，出纳需要做的工作有很多，如核算工资、编制工资表、发送工资等。

10.2.1 核算工资

核算工资的工作包括计算工资和核准工资这两部分，首先我们来看看出纳应该如何计算工资。

1. 计算工资

（1）计算基本工资

通常情况下，小企业计算基本工资的方法比较随意，会根据所在岗位工作内容、人员能力、工作经验、企业平均工资水平等要素来确定计算方法。而一些大企业的基本工资会交由专门的人力资源部门计算，其计算方法会更加细致。新员工基本工资定级表如表10-3所示。

表10-3 新员工基本工资定级表

员工姓名		所属部门	
学历层次		入职时间	
拟从事工作岗位		基本工资	
部门主管审批		总经理审批	

（2）计算考勤工资

考勤是影响员工工资的因素之一，大部分企业会制作考勤记录表，出纳在计算工资时可参考此表，表格样表如表10-4所示。

表 10-4 员工考勤表

年 月

员工编号	员工姓名	所属部门	本月出勤	缺勤（天）			加班（小时）		
				病假	事假	旷工	平日	周末	法定假日

一般而言，员工请病假或事假时，出纳须按请假天数来扣除员工的相应工资；员工加班时，出纳须按加班时间给员工涨工资，病、事假以天来计算，加班则是以小时计算，因此，出纳需要把工资换算成日工资和小时工资。

按照考勤记录登记的员工出勤、缺勤天数和按每人工资标准进行计算的工资被称为计时工资，计时工资分为日薪制和月薪制两种计算方法。

日薪制的计算方法是计算每天员工应得的平均工资，通常有以下两种计算方法。

第一，按全年平均每月法定工作天数为 21.17 天计算，即日工资率 = 标准工资 ÷21.17，在这种情况下，若员工缺勤时间跨越法定节假日，那么不会被扣除工资。

第二，按全年平均每月天数为 30 天计算，即日工资率 = 标准工资 ÷30，在这种情况下，员工若缺勤时间跨越法定节假日，那么就会被扣除相应的工资。

月薪制的计算方法是，无论各月天数为多少，只要员工全勤，那么他们就可以得到相同的标准工资，若员工存在缺勤的情况，则其标准工资就会被扣除相应的数额，其计算公式为：

应付计时工资 = 标准工资－缺勤应扣工资

缺勤应扣工资 = 事假和旷工天数 × 日工资率 + 病假天数 × 日工资率 × 扣款百分比

员工的加班费应算在考勤中，加班费是工资的 1.5 倍，周末加班费是工资的 2 倍，法定节假日的加班费是工资的 3 倍。

（3）计算社保

社保缴费金额的计算公式为：

缴费金额 = 缴费基数 × 缴费比例

通常企业根据员工上一年的基本工资来核定一个缴费基数，若一年内都是固定的工资，那么每月所支付的社保数额都是一致的。

出纳小课堂

社保中心对缴费基数上下限的三大规定：

（1）缴费按个人工资水平（在当地社会平均工资的 60% ~ 300%）来确定，不得低于最低缴费标准。

（2）缴费基数上限：超过上一年省、市在岗员工月平均工资算术平均数 300% 以上的工资部分不计入缴费基数。

（3）缴费基数下限：低于上一年省、市在岗员工月平均工资算术平均数 60% 的，以上一年省、市在岗员工月平均工资算术平均数的 60% 为缴费基数。

社保的缴纳分为企业缴纳和个人缴纳，各种险种的缴费比例如下。

医疗保险：企业 10%，个人 2%。

养老保险：企业 20%，个人 8%。

失业保险：企业 1%，个人 2%。

工伤保险和生育保险由企业负责。

（4）计算住房公积金

住房公积金缴纳金额的计算公式与社保相同：

缴费金额 = 缴费基数 × 缴费比例

其中的缴费基数为上年平均工资，缴费比例为 12%，企业和个人分别出 12%，共 24%。

企业缴纳数 = 缴费基数 ×12%

个人缴纳数 = 缴费基数 ×12%

合计 = 企业缴纳数 + 个人缴纳数

(5) 计算个人所得税

企业的个人所得税大部分都是企业代收代缴的，因此出纳须对个人所得税的规定和计征方法有所了解，其计算方法详见9.4节内容。

2. 核准工资

出纳根据以上方法计算出员工工资后，还需要对计算出的数据进行反复核对，以确保工资的准确性。

10.2.2 编制工资表

通常情况下，出纳需要编制的工资表有工资计算表和工资发放表，两种表格的样式如表10-5和表10-6所示。

表10-5 工资计算表的样式

工资计算表

年 月

员工编号	员工姓名	所属部门	基本工资	社会保险金	住房公积金	考勤调整	奖金	其他	代缴个税	实际发放
			1	2	3	4	5	6	7	8
合计			Σ	Σ	Σ	Σ	Σ	Σ	Σ	Σ

表 10-6 工资发放表的样式

工资发放表

年 月

员工编号	员工姓名	所属部门	实际发放
合计			Σ

10.2.3 发放工资

企业的工资发放，通常采用银行代发的方式。

首先，企业要与银行就代发工资相关事项签订委托代理协议；然后，按照银行的相关要求开户；到发工资之日，委托企业会按照协议时间将代发工资额转到企业的指定账户，并提供工资明细单；最后，银行按照约定将应发金额转入每位员工的储蓄账户中，转入后工资即发放完毕。

银行代发工资的方式之所以这么受欢迎，主要是因为这种方式很安全，并且准确性较高，还能节约财务人员的劳动力。同时员工不用占用正常上班时间去排队领取工资，只需等工资入账银行卡即可，大大提升了员工的工作效率。

需要注意的是，在发放工资之前，出纳须先与员工确认工资额度，员工确认签名后，出纳才可向员工发放工资。

实操笔记

【计算题】W 企业的工资核算采取日薪制（按全年平均每月天数为 30 天计算），其标准工资为 3000，员工 A 本月因事假缺勤 1 天，则 A 的工资应该如何计算?

答案：日工资率 =3000÷30=100（元）

缺勤应扣工资 =1×100=100（元）

应付计时工资 =3000−100=2900（元）

10.3 出纳发放金工资时应注意的六大事项

在发放工资的过程中出纳需要注意以下六大事项。

1. 坚持唱收唱付原则

若出纳发放工资时，采取的是现金支付的方式，那么出纳须严格遵守资金收付业务中的唱收唱付原则，即付款时要说明支出的钱数，并当面点清支出的款项数额。

这样有利于划清企业与员工之间的经济责任，提高工作精准度。

2. 签名

现金支付的工资，须由员工本人在工资袋（或工资表）上签名。（网上银行代发工资的，出纳则须在工资发放后向员工确认其工资是否到账。）

3. 工资的代领代发

若他人代领工资，出纳除了审核委托人本人的书面授权，还需要验存代领人的身份证明，防止出现意外。

4. 验钞设备的提供

发放现金工资时，出纳需要在支付现场提供验钞设备，主动提示领款员工进行复检，避免事后因假钞而发生纠纷。

Y企业的司机师傅在领到新发的工资之后，和家人去商场购物，结果结账时被告知有假币，于是司机师傅第二天到企业找出纳评理。

司机师傅认为："昨天从企业领完钱就直接去商场买东西了，因此假币就出在新发的工资中。"

而出纳认为："昨天从银行取款之后就直接发给员工了，从银行取出来的钱不会有假币。"

双方因此事争执不下，都认为自己是无辜的，谁也不愿意承担责任。

在以上案例中，若出纳发放员工工资时，现场使用验钞设备对工资进行确认，或者在银行提取现金时，对工资进行复检，而司机师傅在领到现金后也能及时核查，就不会出现以上问题。另外，如果出纳能通过银行直接代发工资，员工能使用银行卡进行消费，那么可以直接避免假币的出现。

5. 保密

出纳了解每位员工的收入情况，对于每位员工而言，收入信息属于个人隐私，因此，出纳需要对这些信息进行保密。

6. 工资袋

工资袋现在用得较少，出纳可自制工资袋，也可到会计用品商店和大型超市购买。

出纳小课堂

离职员工的工资发放：

一般情况下，企业会在员工离职当天确认好考勤和工资数额，并在正常工资日发放员工的工资。

若企业辞退劳动者，那么根据《工资支付暂行规定》的第九条：劳动关系双方依法解除或终止劳动合同时，用人单位应在解除或终止劳动合同时一次性付清劳动者工资。

实操笔记

【判断题】某公司的出纳小雷和同事小江的关系很好，在一次聊天中，小江询问同事小红这个月的工资状况，此时小雷可以将小红的工资金额告诉小江。（ ）

答案：错。

【老出纳点拨】为企业员工提供企业参保证明的常规做法

A 企业的员工小刘工作稳定后，有转移户口的想法，当他办理转移户口的手续时，相关单位告诉他需要提供社保缴纳的证明，于是小刘找到企业的出纳小方，让其帮忙开具参保证明。

于是小方先帮小刘开具了一份加盖公章的企业介绍信，然后带着经办人员的身份证原件、当月缴纳社保费用的收据及需要证明的员工小刘的身份证复印件，到可以开具参保证明的地点（如街道社会事务服务中心或所属区社保服务大厅）办理参保证明。

在办理参保证明的过程中，出纳小方须为小刘填写办理社会保险参保证明申请表，其样式如表 10-7 所示。

表 10-7 办理社会保险参保证明申请表的样式

办理社会保险参保证明申请表

<table>
<tr><td>申请人</td><td></td><td>身份证号</td><td></td></tr>
<tr><td>被证明企业（个人）</td><td></td><td>联系电话</td><td></td></tr>
<tr><td>被证明内容</td><td colspan="3">□企业参保综合情况 □企业参保花名册 □个人参保情况</td></tr>
<tr><td>与被证明企业（人）关系</td><td colspan="3">□本企业员工 □被委托律师 □其他（文字说明： ）</td></tr>
<tr><td>证明形式</td><td>□规定格式 □其他</td><td>用途</td><td></td></tr>
<tr><td colspan="4">申请人（含企业、个人）提供资料粘贴处或附后
□介绍信 □委托书 □身份证复印件 份 □其他资料 份

申请人签字： 联系电话： 申请时间： 年 月 日</td></tr>
<tr><td>所涉险种经办机构审核意见</td><td></td><td>经办人签字</td><td></td></tr>
</table>

备注：1. 律师须提供法院立案凭据和企业介绍信；

2. 企业须提供企业证明或介绍信；

3. 个人参保证明委托他人代办的，须提供委托人和被委托人的身份证及复印件；

4. 企业或委托办理参保证明在接到本申请后三个工作日内出具企业介绍信及经办人身份证复印件；

5. 办理本人参保证明凭身份证及复印件由服务窗口即时出具。

小方填完该申请表后，会在填写该申请表的三个工作日内收到社保经办机构开具的证明。

第三部分

明管理：强化管理，赋能出纳

第11章

警钟长鸣避贪污

法律的警钟长鸣，对于财务人员而言，贪污是一条不可触碰的“红线”。每天与钱打交道的出纳更应该谨守法律与职业道德的底线，不贪污、不舞弊。企业也应该进一步完善财务制度，加强内部控制，严格防范出纳舞弊。

♻11.1 出错与舞弊的区别

出纳小萍因计算错误，导致财务信息出现误差；出纳小王因故意谎报财务事实、挪用公款，导致企业损失惨重。以上这两种情况，前者属于出错，而后者属于舞弊，这两者之间有何区别呢？本节，我们将对这一问题进行探讨。

11.1.1 动机不同

俗话说，“人非圣贤，孰能无过”，经验再丰富的出纳也可能出现失误和偏差。出纳出错是一种无意行为，换言之，出纳出错不存在任何不良动机，并非出纳有意而为之。

然而，舞弊是一种以获取不正当利益为目的、采用欺诈性手段故意谎报财务事实的行为。对于出纳而言，常见的舞弊动机有以下两种。

第一，为了获取更大的经济利益，通过虚构财务信息来粉饰企业经营状况和经营业绩，从而提升企业股价或期权价格，达到获得报酬的目的。

第二，出纳迫于保住“位置”的压力，不得不造假。

并且，出错行为一般是公开的，行为人不会对其进行掩饰和“包装”，其不具有隐蔽性。

而舞弊是有预谋、有针对性的财务造假和欺诈行为，其通过虚构事实或隐藏真相等手法将水搅浑，让人难以发现。舞弊的行为人既可以是个人，也可以是团体。

由此可见，出错和舞弊有着相近或者相同的形式，但两者的本质却完全不同，我们不能将舞弊与出错画上等号。

11.1.2 后果不同

出错和舞弊带来的后果也完全不同。从行为人的角度来看，出错不会给行为人带来利益，而舞弊则会给行为人带来利益。

从带来的负面影响来看，出错可能会给企业带来经济损失，而舞弊既会给企业造成经济损失，还会给企业或个人带来法律制裁。

例如，S市知名快餐连锁企业的出纳云朵（化名），在担任出纳的5年时间里，利用职务之便侵占企业账户资金1000多万元，后又幡然醒悟，到公安机关自首，最终检察院以涉嫌职务侵占罪对云朵批准逮捕。

上面这个案件中，企业的1000多万元资金被云朵挥霍一空，云朵也因自己的舞弊行为而锒铛入狱。由此可见，出错与舞弊两者之间存在区别：舞弊带来的后果更严重、更恶劣。但这并不意味着出错是可以容忍的。若出纳出错频繁，会影响财务信息的使用效果，并且还可能为不法分子钻空子提供可乘之机，被其利用，进而逐渐演变成为舞弊行为。

实操笔记

【写一写】出错与舞弊的区别是什么？请举例说明。

11.2 出纳常见的舞弊手段

与会计舞弊手段不同的是，出纳舞弊手段主要发生在现金业务上，常见的有以下17种。

1. 少列现金收入总额

这种舞弊手段是指出纳在企业内部控制混乱的情况下，人为地将开具的非正式内部收据隐藏或撕毁，从而达到发票存根、发票记账联、记账凭证、账簿和报表相一致的目的，以便将收入的现金据为己有。

如D服装企业的出纳郭某收到劳务费600元，同时给对方开具了一张一式三联的内部收据，但由于其业务与财务出现脱节的情况，出纳郭某将开了收据的存根联和记账联一并撕毁，并将这笔600元的劳务费归于自己的名下。

2. 利用空白发票，多记费用

这是出纳借职务之便，利用空白发票套取现金的一种违规手法。

如L企业的出纳小欧因自身财务问题，找了一张盖章生效的空白非限额发票，按照发票的格式要求，填写了发票的名称、用途和大小写金额，从而掩人耳目。

3. 涂改凭证，获取利差

这种行为是指出纳使用涂改等手法更改凭证的日期、摘要、数量、单价、金额等，或采用伪造印鉴、冒充签名、涂改内容等手法，以满足获取利差的目的。

如H企业的总经理胡某，藐视一切法规，只想做成大生意。他利用自己出国的经历注册了一家注册资本为2亿的外商投资企业，但注册资金还未到位时，胡某就指使出纳小康篡改出资证明，以此来躲避审计人员的视线。

4. 虚列凭证，虚构内容

这种舞弊手段是指出纳通过改动凭证或直接虚列支出（补贴、工资）来达到贪污目的。

如某红酒企业的职员分工极其不明确，其领导对员工的工资发放也漠不关心，只会平时看一下员工工资总额，这就给出纳留下了可钻的漏洞。于是出纳小陈在工资虚拟名单中多列了几个名字和金额，从而达到了贪污的目的。

5. 大头小尾、贪污现金

这种行为是指出纳在填制收款收据时，在发票联填写较大金额，在存根、记账等联填写较小金额，即一票两开，贪污报销联与记账联之间的差额部分。

如某出版企业的出纳小李接受上级指示为企业拍摄媒体广告，为了个人利益，出纳小李要求广告公司在发票联上多开具了1000元的广告费，由于税务环节不完善，这种多开1000元费用的行为不了了之。

6. 公款私存，贪污利息

这种舞弊手段是指出纳在企业内部制度不健全的情况下，利用职务之便，以个人名义擅自将公款存入银行，并侵吞存款利息。

如某房地产公司的现金流水较大，加上之前现金不做日清月结的核算，出纳唐某将自己手中掌握的巨额现金存入私人储蓄账户中，等到月末报账时，再将这些现金尽数转入公司账户。这个过程当中，出纳唐某能够获得巨额公款的储蓄利息。

7. 伪造单价，设立小金库

这种舞弊手段是指出纳以购买某种物品为由，套取额外的现金，用于不当支出。

如F企业出纳小明试图通过篡改一些物品发票的单价明细的方式，来对之前一些不合理的支出进行报账。

8. 延迟入账，挪用现金

这种舞弊手段是指出纳没有严格按照财务制度将现金及时入账，并挪用现金。

如W企业收入的现金没有及时入账，于是出纳擅自挪用1000元，将其记账凭证挪到下月记账。

9. 白条抵库，挪用资金

这种舞弊手段是指出纳利用不符合财务制度的白条顶替库存现金，从而谋取私利。

如B企业董事长买房缺现金，于是威胁出纳打白条挪用资金，出纳没能顶住压力，因此，董事长顺利挪用了企业巨额现金。

10. 虚报坏账，贪污贷款

这种舞弊手段是指出纳对于尚未收回的款项进行坏账处理，等对方偿还相关货款后，再将其据为己有。

例如，某广告公司与家纺公司就销售广告进行合作，后因家纺企业的直接联系人离职，广告公司的应收款项并未收回，广告公司的出纳便将其作为坏账处理。后来，家纺企业按照规定将钱款偿清，广告公司的出纳就将这笔钱款据为己有了。

11. 循环入账，挪用现金

这种舞弊手段是指出纳利用循环业务关系来达到自己挪用现金的目的。

如A企业销售了一批价值4万元的货物，分3个月收款。出纳第一次收到货款时不入账，挪为私用，待第二次收款后将第二次的货款作为第一次的货款，第三次收到的货款抵补为第二次的货款，等付款期限到时，出纳再将自己挪用的现金补齐。

12. 截留企业的各项罚没收入

这种舞弊手段是指出纳截留企业的各项罚没收入，将其用于员工的奖金发放、支付回扣及其他非常规活动，从而逃避国家税收、侵蚀国有资产或化国有为私有。

如 R 企业的赵经理指使出纳截留企业 8 月份的罚没收入，将其用于员工的奖金发放和支付回扣，进而避免国家税收。

13. 非法侵占出售国家和其他企业资产的收入

这种舞弊手段是指出纳将企业售出边角余料、次品、废旧物资获得的现金收入囊中的一种行为。

如 D 企业在销售某产品时出现一批次品，但不影响使用，出纳赵某为获取私利，私自将其售卖，获得 1 万元收益。

14. 用现金支付回扣或好处费

这种舞弊手段是指出纳在销售物品过程中，按照一定比例支付给购货方或购货方采购人员的好处费，其好处费走“经营费用”科目、以红字冲销作退货处理、用“小金库”支付回扣和好处费，从而达成销货方和购货方采购人员的共同利益。

如 B 企业销售主管在销售某产品时，为提高销量，与购货方采购员达成一致，按一定比例给予采购员好处费。出纳赵某在销售主管的指示下用“小金库”支付好处费。

15. 记录错误，出现长款

这种舞弊手段是指由于出纳粗心大意而导致总账和明细账出现误差，出纳便将其占为己有。

如 Z 企业出纳曹某漏记一笔现金 1000 元的收款账目，导致现金总账和明细账产生了差额，但这笔漏记的金额并不影响汇总科目表的平衡，因此出纳曹某将这笔 1000 元的长款占为已有。

16. 多报车票，冒领公款

这种舞弊手段是指企业的报销制度不严，个别有心人利用这个机会，将平时非公务累积的一些车票混杂在正常票据中一起报销，从而冒领公款。

如C企业的总经理审核差旅费时总是不仔细，出纳小庞见状，开始在报销单中夹杂一些非公务票据，以此来冒领公款。

17. 利用借款，挪用现金

这种舞弊手段是指企业主管以合理的理由进行借款，许久不还款，以达到挪用目的。

如E企业的主管多次以合理的理由在出纳小王这里打借条，每次都拖很久才还款，以达到挪款私用的效果，而出纳小王并没有阻止和报告这种行为。

出纳
小课堂

除了以上这些舞弊手段，出纳可能还存在以下三种舞弊手段：

（1）吃空额，涂改或虚报工资表中有关内容；

（2）开现金支票取款后不入现金账；

（3）在销售过程中短斤少两、抬高价格。

实操笔记

【写一写】请你写出5种常见的出纳舞弊手段。

♻ 11.3 导致出纳舞弊的两大原因

导致出纳舞弊的原因主要分为两个方面，一个是内部控制制度不严，引发监守自盗，另一个是出纳自身职业道德缺失，法律意识淡薄。

11.3.1 内部控制制度不严，引发监守自盗

很多企业并没有合理的签章分管原则，其财务部门的内部控制制度形同虚设，管理较为混乱。例如，出纳经手的现金存在长期不与会计核算的情况。这为出纳做出挪用公款、贪污等违法行为创造了条件。

作为企业掌管现金、支票、财务专用章等重要物品的出纳，若企业没有严格的内部控制制度，就会很容易利用职务之便，做出“监守自盗”的行为。

2017 年陕西省水利厅的出纳闵某利用职务之便，白天假装勤恳上班，却在私下挪用公款，晚上回家又思考如何填补公款漏洞。整整 10 年时间，在无人察觉的情况下，闵某将企业的 2500 万元公款挪进了自己的口袋，成了企业的贪污硕鼠。最终，闵某因挪用公款罪，被判处有期徒刑十二年。

闵某的行为之所以能在整整 10 年内没被人发现，是因为企业的内部控制制度不严。若该企业能严格按照制度进行检查，那么这类事件也不会发生。

11.3.2 出纳职业道德缺失，法律意识淡薄

当今社会，不乏职业道德缺失的人，因为贪婪而做出舞弊行为的财务人员不在少数。一些出纳经受不住物质利益的诱惑，不顾道德约束和法律红线，伪造、变造、损毁财务资料，甚至利用职务之便做出贪污受贿、挪用公款、出卖商业机密等行为，走上了违法犯罪的道路。

同时，一些出纳不求上进，对于业界的相关法律，他们也不愿去学，甚至

对于会计准则和会计制度的内容也知之甚少。因为他们不了解法律知识，所以他们自然也不会依法办事了。

除了出纳道德的缺失，企业主要负责人的失德，也是造成出纳价值观扭曲的重要因素。一些领导为了给企业谋取更多的经济利益，常常会给出纳施压，在无形中诱导出纳形成错误的职业道德观。

实操笔记

【判断题】对于新出来的法律，出纳不用去学。

答案：错。

11.4 防范出纳舞弊的两大方法

在上文中，我们已剖析了出纳舞弊的两大原因，防范出纳舞弊的方法也应从这两个方面入手。

11.4.1 企业：健全制度，加强监管

要想防范出纳舞弊，企业要先从“家规”入手，建立健全现代企业管理制度及与这套制度相适应的内部控制制度。内部控制制度既是现代企业管理的一项重要制度，也是企业内部财务管理和会计核算的基本规范。

首先，《会计法》第三十七条规定：“会计机构内部应当建立稽核制度，出纳人员不得兼任稽核、会计、档案保管和收入、支出、费用、债权债务账目的登记工作。”企业需要严格执行这条规定，坚持“钱账分管”的原则。

其次，企业还需要按照《现金管理暂行条例》及其实施细则规定的现金开支范围，建立健全现金开支审批、清查、保管制度，以此来明确出纳的职责和权限。

再次，企业需要规定出纳的工作年限，即一名出纳连续工作不得超过三年，会计主管人员的直系亲属不得担任出纳工作，严禁未经授权的企业人员办理货币资金业务或者直接接触资金，经办人只能在其职责范围内，按照审批人的批准意见办理货币资金业务。

最后，对于现金、空白支票、密码及印鉴等重要物品，企业要有健全的保管和使用制度。企业须严格按照这些制度，对出纳工作进行监管。

11.4.2 个人：提升职业素养，增强法律意识

出纳要与时俱进，要去学习当下最新的职业道德规范和法律知识。不过这种学习不能仅仅停留在知识点的记忆层面上，而是要将其内化成自身的素质，并将其体现在职业活动中。

对于出纳而言，要想提升职业素养和增强法律意识需要做到以下 4 点。

1. 树立正确的三观

三观是指人生观、价值观和世界观，若出纳把自己的人生目标锁定在金钱上，那么最终很可能因追逐利益而丧失自我、误入歧途。

2. 树立严谨的财务观念

财务工作与其他工作不同，财务人员若在财务观念上存在不严谨的现象，那么很可能会给企业带来经济损失，甚至因法律意识的淡薄而锒铛入狱。

3. 摆正工作与利益的关系

很多出纳不能将工作和生活分开，出纳管理的金钱，是公款，不属于私款，若出纳不能摆正这两者之间的关系，潜意识里想将这笔钱款占为己有，那么就很可能发生舞弊行为。

4. 多积累与法律相关的知识

出纳可以在网上学习相关法律知识，也可以通过阅读专业书籍系统地学习财务法律知识。从而提升自己的法律修养，扩大法律知识储备量。

实操笔记

【写一写】防范出纳舞弊有哪些方法？请你写下来。

第 12 章

手把手教你做优秀出纳

俗话说，“实践出真知”，学完理论的你，对于实战，是否跃跃欲试呢？本章为你提供了 28 道测试题。通过测试，你可以有针对性地查漏补缺，一步步成为优秀出纳。

12.1 基本功测试

测试一：手工点钞

◣测试准备：1只计时器，100张50元或100元面值的纸币。

◣测试题目：手工清点100张钞票。

◣测试标准：1. 清点出的数量要与实际数量一致。

2. 清点时纸币无散落。
3. 更换纸币清点方向，进行二次清点。
4. 清点时间不得超过45秒。

测试二：使用点钞机

◣测试准备：1台点钞机，10张100元面值的纸币。

◣测试题目：用点钞机检验10张纸币。

◣测试标准：1. 整理纸币，按照相同图案和相同方向的规则来排放纸币，单独放置残币；将整理过的纸币码放整齐。

2. 开启电源开关后，让点钞机保持通电状态。
3. 打开点钞机前部的挡钞板，将纸币放入点钞机后部的验钞口，对已经检验完毕的纸币，倒换为另一面再行检验。
4. 关闭点钞机的电源。

测试三：口述人民币防伪特征

◣测试准备：1张新版人民币。

◣测试题目：口述新版人民币的防伪特征。

◣测试标准：1. 看

观察人民币的水印（2019年版第五套人民币未发行100元和5元纸币），迎着光照看人民币，若是10元以上的人民币，则可以看见人像或者花卉水印。同时，还可以观察新版人民币的对印图案，对印图案位于钞票正面左下方和背面右下方，若透光观察，正反面的对印图案会组成完整的数字。除迎光观察人民币外，也可以转动人民币看数字，正常情况下，人民币中间的面额数字会变色，如50元人民币会由绿变蓝，20元人民币会由金变绿。还可以转动人民币看安全线，新版人民币上的安全线上有微缩文字，且不论新老版，其安全线不易被抽出，线条清晰，对接线对接完好，无留白或空隙。

2. 摸

人民币均采用凹版印刷，可以抚摸人民币上的盲文点、“中国人民银行”字样、人像部位等位置，若有明显的凹凸感，用手指划过有明显的阻力，则是真币。

3. 听

可以将钞票拿在手中，用手指弹动纸张，若纸张发软、偏薄，声音发闷，不耐揉折，那么手里拿的是假币。

4. 测

可以用仪器进行荧光检测，一般情况下，真币未经荧光漂白，在荧光灯下不会发光，而假币多经过漂白，在荧光灯下有明显的荧光。

测试四：保险柜管理

◣测试准备：1个保险柜。

◣测试题目：保险柜的放置操作及口述保险柜的管理要求。

◣测试标准：1. 将保险柜置于出纳办公室，固定于地面或墙体上；一般不置于靠近门口和窗口的区域，其朝向应避开非操作人员的视觉区域；安置保险柜的房间，须按照国家要求采取安防措施。

2. 将企业的重要物品按照规定存入保险柜中；开闭保险柜时，应避开非操作人员；以 3~5 天的日常零星开支所需为存放的现金额度，不得超额存放现金。

3. 将密码熟记于心，并在本企业的安保部门或最高负责人处备份封存密码。

4. 负责保管和使用保险柜的钥匙，并在本企业的安保部门或最高负责人处备份封存钥匙。

测试五：常见财务票据

◣测试准备：无。

◣测试题目：口述 5 种常见的财务票据及用途。

◣参考答案：1. 增值税普通发票：给不具有纳税人资格的付款方开具。

2. 增值税专用发票：给具有一般纳税人资格的付款方开具。

3. 手写版商业发票：给具有小规模纳税人资格或具有一般纳税人资格的大型零售企业的付款方开具。

4. 服务业、娱乐业、文化体育业发票：给接受服务的付款方开具。

5. 付款凭证：支付款项后编制的凭证。

6. 收款凭证：收到款项后编制的凭证。

7. 转账支票：用于本企业向收款企业以银行转账形式支付款项。

8. 现金支票：用于本企业向开户银行存入现金。

9. 借款单：用于企业内部人员向财务部门预借款项及办理审批手续。

10. 收据：收到款项时，临时向付款方开具的票据。

（可任选 5 种）

测试六：书写财务数字

◣测试准备：1 支 0.5mm 的黑色签字笔，1 张 16 开或 32 开的白色书写纸，1 只计时器。

◣测试题目：用大写形式写出 78765423.08 元；用小写形式写出 78765423.08 元。

◣测试标准：1. 文字内容要正确完整；版面无涂改，要整洁。

2. 大写数字：大写金额数字前应标明“人民币”字样，后面紧接大写数字，不得留有空格；用正楷或行书撰写大写数字，不得用一、二（两）、三、四、五、六、七、八、九、十填写，不得使用简化字和生造字；大写金额数字写到“元”为止，“元”之后应接“整”或“正”的字样，“角”和“分”之后，不能接“整”或“正”的字样；小写数字的角位是“0”，分位不是“0”时，大写金额数字的“元”后面应写“零”字。

3. 小写数字：在第一位小写金额数字的紧邻左侧书写封位符“¥”；从左到右依次书写阿拉伯数字，不能连笔写；每一个数字占据一个数位，数位自小到大；数字的书写应字迹工整、排列有序，一般向左下方倾斜（数字与底线应成 60° 的倾斜）；数字每格（行）的上方应预留 1/3 或 1/2 的空格位置，便于以后修订。

4. 书写时间不超过 54 秒。

测试七：用印

◣测试准备：财务专用章、发票专用章、现金收讫章、现金付讫章、有机玻璃材料个人名章、国税代码章、银行收讫章、承前页章、过次页章各 1 枚，1 个红色印台，1 块不小于 16mm×16mm 的橡胶印垫，1 张 16 开的白纸，1 只计时器。

◣测试题目：分别在 16 开的白纸上加盖以上 9 个印章。

◣测试标准：1. 印模要完整清晰。

2. 版面要整洁，无印迹洇渗。

3. 9 个印章的用印时间不得超过 47 秒。

测试八：编写银行存款余额调节表

◣测试准备：1 支 0.5mm 的黑色签字笔，1 台 12 数位的计算器，1 张空白银行存款余额调节表，1 只计时器。

◣测试题目：根据以下信息，编写出 1 份银行存款余额调节表。

开户企业：湖北宜昌 ×× 有限公司

统计时间：2020 年 5 月 25 日

开户银行：招商银行 ×× 路支行

账号：×××× ×××× ×××× ××××

银行对账单余额：10000 元

本企业银行存款日记账余额：40000 元

企业将 80000 元和 60000 元营业收入的两张转账支票交到银行，企业已记收，但银行未记收。

企业已将 70000 元和 20000 元的货款交给供应商，企业已记付，但银行未记付。

◣测试标准：1. 表格内容要完整、准确。

2. 版面要整洁、无涂改。

3. 表格填制时间不得超过 1 分 15 秒。

测试九：出纳报告单

◣测试准备：无。

◣测试题目：口述出纳报告单的编写内容。

◣测试标准：1. 企业名称：若无明确要求，可使用企业简写名称。

2. 编号：出纳报告单的序号。

3. 报告期：应与本企业总账会计汇总记账的周期相一致。

4. 编写日期：出纳报告单的完成日期。

5. 上期结存：报告期前一期的期末账面结存余额。
6. 本期收入：按照对应账簿的本期贷方合计金额填写。
7. 本期结存：本期期末账面结存余额。
8. 其他常规项目：与会计凭证的填写要求一致。

测试十：红字更正法

◣测试准备：1 支 0.5mm 的黑色签字笔和 1 支 0.5mm 的红色签字笔，3 张记账凭证。

◣测试题目：×× 企业采购货款 8000 元，但出纳所记的金额为 10000 元，请予更正。

◣测试标准：将多记金额 2000 元用红字填制一张记账凭证，并用红字登记入账，在“摘要”栏中注明“冲销某月某日第 × 号凭证多记金额”字样，以冲销多记金额。

测试十一：画线更正法

◣测试准备：1 支 0.5mm 的蓝色签字笔和 1 支 0.5mm 的红色签字笔，1 把 20cm 的直尺，1 张已登记测试题目中错误信息的账页。

◣测试题目：将错记的账页金额 8563.45 元，更正为 8564.45 元。

◣测试标准：1. 先将错误的数字“3”用一条单红线画去表示“注销”，在画线内容上方用蓝字写上正确的数字“4”，在画线处加盖更正人印章，以明确责任。

2. 不涂改原有错误字迹，画红线后原有字迹要能辨认出来。

3. 采用该方法画掉错误数字时，应将整笔数字画掉，不能只画局部错误数字。

测试十二：补充登记更正法

◣测试准备：1 支 0.5mm 的蓝色签字笔，2 张收款凭证，1 张记账凭证。

◣测试题目：出纳将收到的货款 8400 元误记为 8300 元，请予更正。

◣测试标准：1. 将少记的 100 元金额用蓝字填制一张记账凭证，并用蓝字登记入账，在“摘要”栏中注明“补充某月某日第 × 号记账凭证少记金额”，以补充登记少记的金额。

2. 文字内容要书写规范。

3. 版面要整洁。

12.2 业务能力测试

测试一：借款单的填写

◣测试准备：1 支 0.5mm 的黑色签字笔，1 张借款单，1 只计时器。

◣测试题目：A 企业人事部小刘于 2020 年 5 月 20 日向财务预借办公用品费 7000 元，拟支付给 B 文具企业，请根据以上信息，完成 1 张借款单的填制。

◣测试标准：1. 借款单内容应填写正确、完整与规范。

2. 借款单的版面须整洁。

3. 填制时间不得超过 50 秒。

测试二：报账单的填写

◣测试准备：1 支 0.5mm 的黑色签字笔，1 张报账单，2 张原始发票，1 只计时器。

◣测试题目：将两张原始发票粘贴在报账单的相应位置上，并完成发票内容的登记和报账单的填制。

◣测试标准：1. 发票的粘贴要规范整齐。

2. 发票内容的填写要正确、完整与规范。

3. 发票的版面要整洁，无涂改现象。

4. 完成时间不得超过 1 分钟。

测试三：记账凭证的填写

◣测试准备：1 支 0.5mm 的黑色签字笔，1 张记账凭证。

◣测试题目：湖北宜昌 H 企业出纳小李因业务需要，向广告公司支付现金 1000 元，并于 2020 年 4 月 1 日报销完毕，其凭证号为第 2 号，请根据以上情况来填制 1 份记账凭证。

◣测试标准：1. 凭证号：记字号第 02 号

2. 日期：2020 年 4 月 1 日

3. 摘要：报销费用

4. 总账科目：①管理费用②库存现金③银行存款

5. 明细科目：广告支付费用

6. 贷方金额：1000 元

7. 合计：1000 元

8. 附件：1

测试四：收据的填制

◣测试准备：1 支 0.5mm 的黑色签字笔，1 张空白收据，1 枚财务专用章，1 个红色印台，1 只计时器。

◣测试题目：2020 年 4 月 3 日，某企业人事专员冯女士购买卫生纸 60 元，请根据以上信息来填制一张收据。

◣测试标准：1. 内容填写要达到正确、完整、规范的要求。

2. 收据的用印位置要正确，并且印模要完整、清晰、无印迹洇渗。

3. 收据的版面要整洁，无涂改现象。

4. 填制时间不得超过 45 秒。

测试五：支票丢失的处置

◣测试准备：无。

◣测试题目：口述支票丢失的处置方法。

◣参考答案：1. 出具公函或有关证明，证明自己企业的支票已经丢失。

2. 填写两份挂失申请书，并加盖银行预留印鉴，向开户银行申请挂失支付。

3. 若开户银行确认该支票没有被支付，那么需要向企业收取一定的挂失手续费，办理挂失业务，用红笔标注支票号码及挂失的日期。

测试六：整理和装订凭证

◣测试准备：1 支 0.5mm 的黑色签字笔，30 张记账凭证，30 张原始凭证，1 瓶胶水，1 张凭证封皮，1 张包角纸，长度不少于 10mm 的装订线，1 把剪刀，1 把直尺，1 台装订机，1 只计时器。

◣测试题目：完成 30 张记账凭证和 30 张原始凭证的整理与装订。

◣测试标准：1. 将尺寸大于记账凭证的原始凭证折叠整齐；自取凭证开始，至打孔位置终止，整理时间不得超过 1 分半。

2. 装订程序正确；线尾处理规范，封面填写正确、完整；封角制作、粘贴要规范；装订时间不得超过 4 分钟。

测试七：现金日记账的登记与结算

◣测试准备：1 支 0.5mm 的黑色签字笔，1 张现金日记账账页，3 张记账凭证，1 台 12 数位的计算器，1 只计时器。

◣测试题目：根据 3 张记账凭证的内容，完成现金日记账的登记，并结算出余额。

◣测试标准：1. 文字内容要正确、规范、完整。

2. 账面整洁，无涂改。

3. 余额结算要正确。

4. 完成时间不得超过 2 分钟。

测试八：银行存款账的登记与结算

◣测试准备：1 支 0.5mm 的黑色签字笔，1 张银行存款账账页，3 张记账凭证，1 台 12 数位的计算器，1 只计时器。

◣测试题目：根据 3 张记账凭证的内容，完成银行存款账的登记，并结算出余额。

◣测试标准：1. 文字内容要正确、规范、完整。

2. 账面整洁，无涂改。

3. 余额结算要正确。

4. 完成时间不得超过 2 分钟。

测试九：增值税专用发票的开具

◣测试准备：无。

◣测试题目：口述开具增值税专用发票时的注意事项及开具增值税专用发票的时限。

◣参考答案：1. 向消费者销售应税项目，销售免税项目，销售报关出口的货物、在境外销售应税劳务，将货物用于非应税项目，将货物用于集体福利或个人消费，将货物无偿赠送他人，提供非应税劳务、转让无形资产或销售不动产，向小规模纳税人销售应税项目可以不开具专用发票。

2. 一般纳税人必须按规定的时限开具专用发票。采用预收货款、托收承付、委托银行收款结算方式的，其发票开具时间为货物发出的当天；采用交款提货结算方式的，为收到货款的当天；采用赊销、分期付款结算方式的，其发票开具时间为合同约定的收款日期的当天；设有两个以上机构并实行统一核算的纳税人，将货物从一个机构移送其他机构用于销售，其发票开具的时间为货物移送的当天；将货物交付他人代销，其发票开具的时间为收到受托人送交的代销清单的当天；将货物作为投资提供给其他企业或个体经营者，其发票开具的时间为货物移送的当天；将货物分配给股东，其发票开具的时间为货物移送的当天。

测试十：提取现金

◣测试准备：1 支 0.38mm 的黑色签字笔，1 张空白现金支票，1 台银行支付密码器，1 枚财务专用章，1 枚个人名章，1 个红色印台，1 块橡胶印垫，1 只计时器。

◣测试题目：1. 口述出纳在银行提现的办理流程。

2. 2020 年 5 月 1 日，A 企业提取备用金 7000 元，请你为其填制 1 张现金支票（含用印、不填存根、不填支票领用的登记簿）。

◣测试标准：1. 办理流程：完成现金支票领用登记簿的填写，并将其交由财务经理审核；完成现金支票的填写（正联、存根联）；财务经理审核无误后，在支票正面及背面加盖银行预留印鉴；沿着虚线剪下现金支票的正联，并将其送交开户银行，办理提现手续；根据现金支票的存根联，制单会计编制记账凭证；根据审核无误的记账凭证，出纳登记现金日记账、银行存款日记账。

2. 支票填写的文字内容要正确、规范与完整；版面要整洁、无涂改；印模要完整、清晰、无印迹洇渗；用印位置要正确。

3. 完成时间不得超过 3 分钟。

测试十一：银行账户开立流程

◣测试准备：无。

◣测试题目：口述银行账户开立的流程。

◣测试标准：1. 开立基本账户。
2. 开立银行账户。
3. 发放银行开户许可证。
4. 开立一般账户、专用账户和临时账户。

测试十二：银行结算方法

◣测试准备：无。

◣测试题目：口述银行结算的八大方法。

◣参考答案：1. 支票结算。
2. 银行本票结算。
3. 银行汇票结算。
4. 商业汇票结算。
5. 汇兑结算。
6. 委托收款结算。
7. 信用卡、信用证结算。
8. 异地托收承付结算。

测试十三：增值税的计算方法

◣测试准备：1 个计算器，1 支 0.5mm 的黑色签字笔。

◣测试题目：若 L 企业 7 月份购买了一批 L 产品，支付了一笔 40000 元的货款，其增值税进项税额 5000 元，并取得增值税发票，其含税销售额为 28000 元，增值税税率为 13%，那么家企业应纳税款为多少?

◣测试标准：1. 计算答案准确。
2. 用时不得超过 2 分钟。

◣参考答案：增值税应纳税额 = 当期销项税额 − 当期进项税额
当期销项税额 = 当期销售额 × 增值税税率
= 28000×13%

= 3640（元）<5000（元）

因当期销项税额 < 当期进项税额，不足的结转至下月继续抵扣，所以该企业应纳税额为 3640 元。

测试十四：工商业务

◣测试准备：无。

◣测试题目：口述出纳对接的工商业务。

◣参考答案：1. 企业注册。

2. 企业年度报告公示。

3. 企业注册资本的变更登记。

4. 企业的合并、分立、解散清算和破产清算。

测试十五：工资计算

◣测试准备：1 个计算器，1 支 0.5mm 的黑色签字笔。

◣测试题目：W 企业的工资核算采取日薪制（按全年平均每月天数为 30 天计算），其标准工资为每月 4000 元，员工 A 本月因事假缺勤 2 天，则 A 的本月工资为多少？

◣测试标准：1. 计算答案准确。

2. 用时不得超过 2 分钟。

◣参考答案：本月工资 = 月工资标准 ÷30× 出勤天数

= 4000÷30×28

= 3733.34（元）

测试十六：社保业务

◣测试准备：无。

◣测试题目：口述出纳对接的社保业务。

◣参考答案：1. 新参保业务。

2. 变更和年检业务。

3. 转出、转入业务。

4. 注销业务。

5. 公积金业务。

参考文献

[1]会计实操辅导教材研究院．零起点学出纳[M]．北京：人民邮电出版社,2019．

[2]出纳训练营．大管家教你做优秀出纳[M]．北京：人民邮电出版社,2018．

[3]黄性清,姜亚琼．出纳实务第4版[M]．北京：北京交通大学出版社,2018．

[4]李岩．出纳新手实务百宝箱[M]．北京：电子工业出版社,2016．

[5]严瑾．出纳理论与实务[M].北京：电子工业出版社,2011．

[6]陈文玉．出纳实操从新手到高手[M]．北京：中国铁道出版社,2015．

[7]陈斯雯．每天一堂出纳课[M]．北京：人民邮电出版社,2013．

[8]出纳训练营．手把手教你做优秀出纳：从入门到精通[M]．北京：机械工业出版社,2012．

[9]黄丽莉．出纳业务实用全书[M]．北京：电子工业出版社,2012．

[10]付刚,杨成刚．出纳新手应知应会一本通[M]．北京：人民邮电出版社,2009．

[11]杨东礼．出纳业务一本通[M]．北京：人民纺织出版社,2015．